Sabine Skala

Die Kraft der Seele freischalten

Für ein glückliches und erfolgreiches Leben

Smaragd Verlag

Neuauflage 2024
Erschienen im Smaragd Verlag
eine Marke der Sentovision GmbH
www.smaragd-verlag.de

Der Smaragd Verlag gibt keine Gewährleistung oder Garantie hinsichtlich der
Angaben in diesem Dokument.

Gestaltung, Layout, Herstellung: FontFront.com, Roßdorf
Umschlaggestaltung: Pauline Trumpfheller, FontFront.com, Roßdorf

Vertrieb durch Synergia Auslieferung
www.synergia-auslieferung.de

Printed in EU
ISBN 978-3-95531-180-3

Bibliografische Information der Deutschen Bibliothek
Die Deutsche Bibliothek verzeichnet diese Puplikation in der deutschen Natio-
nalbibliografie; detaillierte bibliografische Daten sind im Internet unter http://
dnb.ddb.de abrufbar.

Für Merlin

Inhalt

Danksagung

Ich bedanke mich von ganzem Herzen bei den Engeln des Smaragd Verlags, dass ich schon so lange bei euch meine Bücher veröffentlichen darf und ihr mein geschriebenes Wort immer achtet und ehrt. Danke!

Ich möchte mich bei meiner Freundin Simone für unsere wundervolle Seelen- und Herzensverbindung und für ihre göttliche Weisheit bedanken. Danke, dass ich dich in meinem Leben weiß.

Auch bei meiner Tante Helga möchte ich mich bedanken. Sie hat mich gerade als Kind immer so gelassen, wie ich war, und mich in meinem Sein gestärkt.

Danke an meinen Onkel Norbert für seine Lebensfreude, seine Motivation und seinen Humor.

Zudem möchte ich mich, wie schon so oft, bei meinen Eltern bedanken. Ihr steht immer hinter mir, das berührt mein Herz und meine Seele sehr.

Ein großer Dank geht auch an meine Tochter, die mich immer wieder auf den Boden der göttlichen Tatsachen zurückholt, keine alten Strukturen zulässt und mir die göttliche Weisheit lebhaft, aber liebevoll um die Ohren haut...

DANKE euch von Herzen!
Eure Sabine

Vorwort

Liebe Leser und Leserinnen,

ich habe dieses Buch geschrieben, um allen, die es wissen möchten, mitzuteilen, dass unsere Seele das Wichtigste in unserem Leben ist. Das Wissen um unsere Seele und alles, was wir mit ihr zusammen erreichen und erschaffen können, ist bei vielen ins Vergessen geraten oder wurde irgendwann mal unterdrückt. Dieses Wissen habe ich nun niedergeschrieben, damit ihr es alle lesen und für euer Leben verwenden könnt. Die bewusste Verbindung zu unserer Seele stärkt, heilt und hilft uns, unseren Weg auf Erden in Freude, Liebe und Glück zu gehen. Dieses Buch ist ein Leitfaden und eine Erinnerung daran, wie kraftvoll und mächtig unsere Seele ist.

Mir liegt es sehr am Herzen, dass das Wissen um unsere Seele weit in die Welt hinausgetragen wird, damit sich so viele Menschen wie möglich an dieses wunderbare Geheimnis und Wissen erinnern.

Jeder trägt die Macht in sich, die Kraft der Seele freizuschalten (die Anleitung ist am Ende dieses Buches zu finden), doch möchte ich auch darauf hinweisen, dass oft ein Therapeut/ Heiler/ Heilpraktiker von außen mehr sehen, wahrnehmen und auflösen kann, als man selbst. Oft stecken wir in Themen, wo uns manchmal das klare Auge und die Erkenntnis fehlen. Es gibt den Spruch: „Ich sehe den Wald vor lauter Bäumen nicht", was ein sehr treffender Satz ist, wie ich finde. Es kann sein, dass wir gar nicht erkennen, dass Blockaden da sind, oder die Ursache hinter dem Problem nicht sehen und finden können. Sind wir also in einem dieser Prozesse, ist es immer besser, sich an jemanden zu wenden, der sich mit Heilarbeit auskennt.

Mein Fachgebiet ist die Freischaltung der Seele und die Behandlung auf Seelenebene, mir wurde diese Behandlungsmethode von der göttlichen Ebene durchgegeben. Meine Methode im Einzelnen werde ich in diesem Buch nicht beschreiben. Die Behandlung auf Seelenebene ist ein sehr heiliges und diffiziles Feld, mit dem man besonders vorsichtig und behutsam umgehen muss. Nicht dass ihr das nicht können würdet, aber ich habe die Erlaubnis von ganz oben nicht dazu erhalten, meine Behandlungsmethode weiterzugeben, auch nicht in Seminaren. Diese Aufgabe auf Seelenebene arbeiten zu dürfen, trägt sehr viel Verantwortung in sich, die nicht jedermanns Sache ist. Dennoch erhaltet ihr das ganze Wissen darüber, wie ihr selbst die Kraft eurer Seele freischalten und eine starke Verbindung zu ihr aufbauen könnt.

Ihr werdet in diesem Buch ausreichend Tipps, Wissen, Hinweise, Erkenntnisse und Meditationen erhalten, die euch in eurer Entwicklung unterstützen und auf eurem Seelenweg auf Erden stärken werden lassen.

Ich wünsche euch viel Freude beim Lesen,
eure Sabine

Die Kraft der Seele

Wenn unserer Verbindung zu unserer Seele klar und rein ist, wenn sie frei fließt, dann können wir die Kraft unserer Seele ungehindert für unser Leben verwenden oder auch für andere einsetzen.

Die Verbindung zu unserer Seele kann durch mehrere Ursachen geschwächt oder sogar durchtrennt sein:

- keinen Glauben an die eigene Seele,
- Misstrauen gegenüber Gott,
- Misstrauen gegenüber dem Leben,
- traumatische Erfahrungen,
- zu starker Schutz um die Seele herum,
- Seeelenverletzungen,
- Ängste,
- Zweifel,
- energetische Angriffe,
- Fremdenergien,
- alte Muster und Programme,
- negative Gefühle wie Neid, Missgunst, aber auch Trauer und Kummer,
- Erfahrungen aus früheren Leben.

Sind diese Energien, die sich um die Seele gelegt haben, gelöst, kann die Seele wieder frei strahlen. Ihre Kraft wird so freigesetzt, und wir können eins mit dieser Kraft werden, wir können uns ihr hingeben, wir können sie bitten, uns in unserem Leben zu helfen, und sie kann uns stärken. All ihre Kraft, ihre Liebe und Freude fließen nach einer Freischaltung ungehindert in uns und in unser Leben. Die Kraft Gottes kann so direkt in unser Leben fließen, uns aber auch mit dieser wunderbaren Energie füllen.

Unsere Seele bittet wahrlich darum,
dass wir ihr Aufgaben übergeben,
die sie für uns lösen kann.

Die Freischaltung geschieht in nur einer Behandlung. Es gibt verschiedene Erfahrungsberichte, wie sich der Patient/die Patientin fühlt, der/die eine Freischaltung erfahren hat. Viele erzählen von einer Befreiung, einer neuen Weite in sich, einer neuen Kraft, grenzenloser Freiheit, einer Erlösung, um nur einiges hier zu nennen. Andere spüren vielleicht nur Wärme oder ein Kribbeln, das sich etwas gelöst hat. Dann gibt es Patienten, die während der Behandlung nichts spüren und auch danach keine Veränderung in ihrem Leben feststellen, obwohl das sehr selten ist.

Wenn nichts wahrgenommen wird, kann das verschiedene Gründe haben, zum einen, dass der Patient noch nicht so weit ist, um wirklich die Veränderung bewusst wahrnehmen zu können (das kommt oft bei Menschen vor, die gerade erst begonnen haben, den Weg der Wahrhaftigkeit zu gehen), oder sie haben noch einen Widerstand in sich, die Einheit mit ihrer Seele wirklich spüren zu wollen.

Es ist natürlich keine Wunderbehandlung, denn das meiste liegt beim Patienten selbst, ob er bereit ist, sich seiner Seele hinzugeben und diese Hingabe auch täglich zu üben. Es ist eine Entwicklung, die eigene Seele spüren zu können, das geht nicht von heute auf morgen. Es ist eine stete Übung, sich immer wieder mit der eigenen Seele zu verbinden. Manchmal dauert es sehr lange, bis man am Ziel ist, die eigene Seele wahrzunehmen, aber es lohnt sich, denn die Seele ist das Wichtigste in unserem Leben, ohne sie können wir nicht leben.

Es ist ein Prozess, und man muss dranbleiben, um dann einen Erfolg spüren zu können. Aber es ist so ein wundervolles Gefühl zu wissen, es ist immer jemand da, du bist nie allein, es kümmert sich jemand, in dem Fall deine Seele, um alles in deinem Leben.

Wie genial ist das denn?

Die Seele

Die Seele ist die Energie und die Liebe Gottes, die uns ausmacht. Die Seelenenergie trägt uns durch die Gegenwart, durch die Zukunft und durch die Vergangenheit. Sie ist das Einzige, was wir auf unsere Reise mitnehmen, egal, in welche Inkarnation wir geboren werden, egal, an welchen Ort wir gelangen, egal, zu welcher Zeit wir gerade leben. Sie ist immer dabei.

Unsere Seele ist alles, was wir haben. Die Seele ist wir, und wir sind unsere Seele. Wir können unsere Seele nicht verleugnen, sie ist immer bei uns, denn ohne sie könnten wir nicht leben.

Alle Aufgestiegenen Meister und Meisterinnen, Priester und Priesterinnen und alle, die dazu berufen waren, den göttlichen Seelenweg auf Erden zu gehen, waren mit ihrer Seele eins. Jesus ist das beste Beispiel – auch er haderte mit seinem Weg, aber er war nie von seiner Seele getrennt. Er war immer eins mit ihr und vertraute ihr.

**Die Verbindung zu unserer Seele,
das Einssein mit unserer Seele
ist der einzige Weg zu uns selbst und zu einem Leben
in Glück, Liebe und Freude.**

Unsere Seelenenergie ist das Kraftvollste, das Mächtigste, das Liebevollste, das wir in uns tragen.

Warum sollten wir nicht diese einzigartige Möglichkeit annehmen und unser Leben dadurch einfacher werden lassen? Das stete Festhalten im Alltag, alles schaffen, organisieren, sich um alles kümmern zu müssen, macht uns mürbe, müde und oft auch hoffnungslos. Immer wieder tauchen dieselben Situationen in unserem Leben auf, die wir schon tausendmal aufgelöst und gewandelt haben.

Das zerrt an unseren Kräften. Warum richten wir nicht unsere Aufmerksamkeit auf das naheliegende, auf unsere Seele?

Die Seele ist einzigartig, sie ist unendlich, tief und weit und verbindet uns direkt mit Gott. Sie strahlt die göttliche Essenz aus, die in jedem von uns existiert. Sie ist individuell und bleibt bei uns, bis sie sich dazu entscheidet, die Erde wieder zu verlassen. Jeder von uns Menschen ist einzigartig, und diese Einzigartigkeit entspringt unserer Seele.

Viele Menschen lassen ihre Einzigartigkeit nicht zu, weil sie Angst haben, sie wären nicht einzigartig, oder sie haben Angst vor Veränderung, vor Neuem, das Ungewisse, das dann auf sie zukommen könnte. Und es stimmt, vieles würde sich wandeln. Das, was nicht mehr stimmig ist, zeigt sich, damit wir es ändern können.

Werden wir eins mit unserer Seele, dann kann es sein, dass unsere Scheinwelt zerbricht und wir vieles neu überdenken müssen: Beziehungen, Jobs und vieles andere mehr. Wenn wir aber wissen, dass es sich leichter und schöner leben lässt, wenn die Einzigartigkeit unserer Seele in unser Leben fließt und alles zu unserem Besten wandelt, würden viele von uns es sofort zulassen. Da wir aber nicht wissen, was sich wandeln wird, ist es ein Schritt des Vertrauens in unsere Seele, den wir gehen müssen.

**Lassen wir die Einzigartigkeit unserer Seele
in unser Leben fließen,
dann gestaltet sich alles nach ihr,
nach ihrem Wunsch.
Vertrauen wir ihr, denn sie weiß am besten,
was für uns gut ist.**

Kurz zusammengefasst:

Unsere Seele
- ist einzigartig, unendlich und weit,
- ist die direkte Verbindung zu Gott,
- ist mit Allem-was-ist verbunden,
- trägt die göttliche Essenz in sich,
- trägt die heilenden Energien Gottes in sich,
- kennt die Wege Gottes,
- hat alles Wissen gespeichert, das wir jemals erfahren und erlernt haben,
- trägt alle unserer Fähigkeiten und unser gesamtes Potenzial in sich,
- weiß, was am besten für uns ist,
- kennt unseren Seelenplan,
- kennt unsere Wünsche,
- ist kraftvoll und mächtig.

Direkte Verbindung zu Gott

Unsere Seele ist die direkte Verbindung zu Gott. Wir brauchen nicht mehr im Außen zu suchen, denn wir tragen die Essenz Gottes in uns. Vieles wird dadurch erleichtert, denn in der heutigen Gesellschaft ist es normal, sich an anderen Menschen zu messen und zu orientieren, sich mit ihnen zu vergleichen und über sie zu urteilen. All das braucht ihr nicht mehr zu tun, wenn ihr eure Aufmerksamkeit ganz auf eure Seele richtet. Es ist ein Nach-innen-Schauen, eine große Konzentration auf euch selbst, auf die Wahrhaftigkeit eures Seins, auf eure Seele und eine Bündelung eurer Energie und Macht.

Ihr kennt bereits die Konzentration auf euch selbst, es ist die Ausrichtung auf euer Ego, wenn es mal wieder Ärger, Wut und Verletztheit zutage fördert. Richtet ihr dieselbe Konzentration auf die direkte Verbindung zu Gott, nämlich auf eure Seele, wird das euer Leben nachhaltig verändern.

Vieles wird unwichtig. Protzereien, Angebereien, auch wenn sie nur im Kleinen geschehen, verschwinden, weil sie nicht mehr wichtig sind, sie dominieren nicht mehr euer Leben. Es ist wie eine Erlösung und eine wahre Wohltat, das zu erleben. Oft werdet ihr noch spüren, dass ihr euch anderen mitteilen wollt, wenn ihr euch zum Beispiel ebenfalls ein neues Auto gekauft habt, aber ihr werdet es nicht mehr sagen, weil ihr es nicht mehr nötig habt. Nur wenn es neutral aus euch herauskommt, ist es wichtig, aber nicht mehr für euch, sondern für die anderen. Richtet ihr eure Aufmerksamkeit auf eure Seele, wird diese Suche nach Anerkennung oder die Sehnsucht, dazuzugehören, schwinden, und es stellt sich eine neue Leichtigkeit in eurem Leben ein.

Geht in euch und spürt, wo ihr noch Geltung und Anerkennung sucht. Wo müsst ihr euch noch profilieren, wo wollt ihr noch dazugehören, von wem erwartet ihr Liebe oder anderes? Geht in die Stille, fühlt in euch hinein und seid ehrlich.

Direkte Verbindung zu Gott heißt auch, direkte Verbindung zu Jesus Christus, direkte Verbindung zu den Engeln und allen anderen hochschwingenden Lichtwesen. Auch die Elementarwesen kommunizieren einfacher über eure Seele.

Eure Bitten, wenn ihr welche in euch tragt, könnt ihr direkt an eure Seele stellen. Ihr müsst nicht mehr direkt Gott um Hilfe bitten, sondern könnt eurer Seele alles übergeben, was euch am Herzen liegt oder euch bedrückt. Sie wird sich darum kümmern, denn sie ist direkt mit Gott verbunden, sie ist in euch.

Unsere Seele kennt die Wege Gottes. Besser geht es doch gar nicht! Warum fragen wir nicht einfach unsere Seele, wie es in unserem Leben weitergeht, wenn wir nicht mehr klar sehen? Warum bitten wir nicht unsere Seele um Hilfe, damit wir die Unterstützung erhalten, die für uns optimal und die beste ist?

Die direkte Verbindung zu Gott bedeutet auch, dass die Seele mit allem verbunden ist, was ist. Über eure Seele seid ihr eins mit dem Universum und allem, was existiert.

Die Seelenebene ist eine sehr hochschwingende Ebene, in der sich nur gleiche Energien befinden.

Wie schön ist doch die Vorstellung, mit dem ganzen Universum eins zu sein, mit allen Planeten und Sternen, mit allen Meistern und Engeln,– und mit Gott.

Wenn wir über unsere Seele direkt mit Gott verbunden sind, dann tragen wir auch die heilenden Energien Gottes in uns. Das heißt, wir können uns mit unserer Seelenenergie selbst heilen, energetisieren, stärken, Blockaden auflösen und Verletzungen heilen. Wie wunderbar ist das denn?

**Wir tragen die Macht und die Kraft der Heilung
bereits in uns!
Warum nutzen wir sie nicht?**

**Wir haben das einfachste Werkzeug für die Heilung in
unseren Händen und nutzen sie nicht.
Warum nicht?**

Viele Menschen haben den Glauben an die eigene Seele verloren. Sie haben vergessen, wie macht- und kraftvoll sie sein kann. Durch die Entwicklung der Menschheit ist das Ego nun die Energie, die die Menschen beherrscht. Das Ego ist nicht schlecht, denn es warnt uns auch vor Gefahren und lässt uns in dieser Welt angepasst leben.

Die Energien der Neuen Zeit dulden aber keine illusorische Anpassung mehr, sie lassen die Seelen- und Herzensenergie wiederaufleben. Alles geht in den Wandel.

Hoffen wir, dass immer mehr Menschen erkennen, wie wichtig ihre Seele ist. Ohne die Seele kann ein Mensch nicht existieren. Viele leben unbewusst in den Tag hinein und gehen immer davon aus, dass ihre Seele zwar da ist, aber man sich nicht um sie kümmern muss. Es gibt auch Menschen, die sich ihrer Seele nicht bewusst sind oder nicht an eine Seele glauben. Dabei wünscht sich die Seele nichts sehnlicher, als wahrgenommen zu werden. Sie möchte uns helfen bei unseren Problemen, unseren Wünschen, unseren alltäglichen Situationen.

Derzeit ist die Seele bei vielen arbeitslos, sie lebt halt vor sich hin, um den Körper, in dem sie wohnt, am Leben zu erhalten, mehr aber auch nicht. Diese lange Unbewusstheit trägt auch Spätfolgen in sich, in Form von körperlichen oder seelischen Beschwerden und Krankheiten. In der langen Zeit, in der die Seele nicht wahrgenommen wurde und der Mensch die Hinweise und Zeichen einer Krankheit oder von wiederkehrenden Problemen nicht ernstgenommen oder verstanden hat, zieht sich die Seele immer mehr zurück. Krankheiten, Beschwerden und wiederkehrende Probleme oder auch negative Gefühle sind eine Möglichkeit, um herauszufinden, dass etwas in uns nicht stimmt, und zwar auf seelischer und energetischer Ebene. Begeben wir uns auf den Weg der Ursachenforschung auf Seelenebene und heilen wir diese, werden auch Krankheiten und Beschwerden auf körperlicher Ebene sowie Probleme oder negative Gefühle in unserem Leben aufgelöst.

Wird diese Möglichkeit der Heilung ignoriert, trennt sich irgendwann die Seele vom Körper und vom Geist, weil sie die Wichtigkeit dessen nicht mehr erkennt. Die Seele wird zu einer abgetrennten, eigenlebenden Energie, die nun das Ziel hat, wieder nach Hause zu Gott zurückzukehren. Wenn Seele und Körper sich trennen, auch wenn sie scheinbar ineinander existieren, beginnt der Weg ins Licht, weg von der Erde. Eine unheilbare Krankheit stellt sich ein, oder ein anderer, schnellerer Weg wird von der Seele gewählt.

(Anmerkung der Autorin: Ich möchte euch damit keine Angst einjagen, ich teile euch nur mit, was ich in den letzten Jahren auf Seelenebene gesehen habe. Ich bekam dazu die Möglichkeit, weil viele Bekannte ins Licht gingen und ich den Prozess des Sterbens sehen konnte und wie sich das mit dem Körper und der Seele verhält.)

Deswegen ist es so wichtig, dass wir unsere Seele anerkennen, eins mit ihr sind, sie mit in unseren Alltag einbeziehen und ihr auch eine Aufgabe geben. Wir können jeden Tag unseren Körper mit unserer Seelenenergie füllen, darüber freut sich auch der Körper, weil alle dunklen Energien, die mit der Zeit entstanden sind, in Licht gewandelt werden. Lasst uns den neuen Weg, den Weg der Seele, gemeinsam gehen.

Die Seele ist die direkte Verbindung zu Gott!
Die Seele ist die göttliche Essenz in uns!
Wie wunderbar!
Lassen wir sie aus uns strahlen,
um unser Leben zu erhellen!

Gespeichertes Wissen

Alles, was wir jemals erfahren und gelernt haben – in der Vergangenheit, der Gegenwart und der Zukunft –, ist in unserer Seele gespeichert. Welch ein Schatz an Wissen tragen wir in uns!

Das Wissen aus Atlantis, aus Avalon, aus Lemurien, aus Parallelebenen oder aus der Meister- und Engelebene, alles können wir in uns abrufen. Aber wie geht das?

Das Wissen, das wir für unsere Weiterentwicklung oder Heilung benötigen, wird in dem Moment geöffnet, in dem wir es für unseren jetzigen Weg auf Erden brauchen. Wir können uns also darauf verlassen, dass wir immer die Information erhalten, die gerade wichtig für uns ist. Voraussetzung dafür ist, dass wir bereit und offen sind, diese auch zu empfangen.

Das Wissen wird über unsere Impulse, Gedanken, Ideen, Träume und Hinweise von außen an uns vermittelt. Deswegen ist es wichtig, die Wahrnehmung in uns zu schulen und ihr auch zu vertrauen. Lernt, mehr zu spüren, seid aufmerksam, damit ihr die Zeichen, Gedanken und Ideen nicht verpasst, sondern erkennen, empfangen und umsetzen könnt.

Einige von euch haben die Fähigkeit, direkt in den Büchern des Wissens nachzusehen. Diese befinden sich in eurem persönlichen Kristallpalast, wo es eine Bibliothek gibt, in der euer gesamtes Wissen gespeichert ist.

Ihr könnt euren Kristallpalast besuchen, wenn ihr in die Meditation geht. Die passende Meditation dafür findet ihr in dem Kapitel Meditationen.

Habt ihr nicht diese Fähigkeit, dann geht in die Stille und versucht, nicht zu denken. Konzentriert euch auf euren Atem, auf eure Seele und lasst geschehen. Irgendwann kommt die Antwort, die so wichtig ist für euch. Das ist auch Wissen, das zu euch gesandt wird, nur wird es oft als solches nicht erkannt.

**Die Seele trägt all unser Wissen in sich,
das wir jemals erlernt oder erfahren haben!**

Fähigkeiten und Potenzial

Unsere Seele trägt alle unsere Fähigkeiten und unser ganzes Potenzial in sich. Kann die Seele nicht frei fließen, kann auch unser Potenzial nicht wirken. Unser Potenzial öffnet sich erst, wenn wir unsere Seele befreit haben. Das geschieht durch stetige Arbeit an uns selbst oder durch bedingungslose Liebe, die wir erfahren können, wenn wir sie zulassen, um zu heilen. Nur stückchenweise können wir erahnen, was in unserem Potenzial alles verborgen ist. Vielleicht sind schon einige Strahlen der Seele zu sehen, die durch die Ablagerungen und Blockaden scheinen. Aber das ganze Potenzial können wir erst öffnen und leben, wenn die Kraft unserer Seele frei fließt. Bei einer Freischaltung der Kraft der Seele werden alle Ablagerungen und Blockaden aufgelöst, die verhindern, dass unser Potenzial sich öffnet.

Unser Potenzial ist wichtig, um unsere Berufung auf Erden leben zu können. Fließt unser Potenzial nicht frei, können wir sehr viele Bereiche in unserem Leben nicht vollkommen leben.

Jeder Strahl unserer Seele trägt eine Fähigkeit in sich. Alle Strahlen sind einer bestimmten Farbe zugeordnet (siehe Kapitel Seelenstrahlen), die die Kraft und die Liebe Gottes in sich tragen. Nach und nach werden immer mehr Strahlen durch die Ablagerungen der Seele scheinen, denn durch stete Arbeit an uns selbst können wir diese Blockaden nach und nach auflösen. Aber einfacher wäre es doch, wenn wir alle Hindernisse, die sich derzeit um unsere Seele befinden, mit einem Mal auflösen könnten. Diese Möglichkeit gibt es mit der Freischaltung der Seele.

Es ist so ein wundervolles Gefühl, befreit zu sein, zu wissen, dass das eigene Potenzial nun in das eigene Leben hineinfließen kann, um endlich wirken zu können. Das Öffnen des Potenzials ist wie ein Kristall, der sich öffnet, damit die Energien nach außen fließen können.

Seitdem ich mein Potenzial ganz freigeschaltet habe, habe ich wahrgenommen, dass meine spirituellen Fähigkeiten noch klarer geworden sind und noch tiefer wirken können. Die eigenen Fähigkeiten, egal, ob sie nun spiritueller oder handwerklicher Natur sind, können nicht ohne geöffnetes Potenzial wirken, denn die Fähigkeiten haben ihren Ursprung in unserem Potenzial.

Das Potenzial und unsere Fähigkeiten können also mit unserer frei fließenden Seelenenergie vollkommen geöffnet werden. Das ist eine sehr tiefgreifende Heilung, eine Heilung auf Seelenebene. Das freigewordene Potenzial wird dann nach und nach in unser Leben fließen, um sich bewusst zu zeigen. Dieser langsame Vorgang ist wichtig, damit wir nicht von der kraftvollen Energie unseres Potenzials überrollt werden, sondern uns daran gewöhnen können. Habt Vertrauen in eure Seele!

Wir sind eins mit unserer Seele und tragen alle unsere Fähigkeiten und unser Potenzial jederzeit mit uns, egal, wo wir hingehen, wie wir uns fühlen oder was wir gerade tun.

Feiern wir diese wundervolle Möglichkeit,
unser gespeichertes Wissen
in unserer Seele für unser Leben
auf Erden zu nutzen.

Seelenplan

Jeder Seelenplan ist in uns gespeichert, in unserer Seele. Unsere Seele kennt jedes Leben, das wir erfahren durften, wie auch unsere heutige Inkarnation auf Erden.

Alle Wege, die wir gegangen sind, alle Entscheidungen, die wir je getroffen haben, trägt unsere Seele in sich. Auch die Erfahrungen, die schön oder nicht so schön in unseren Leben waren, können wir in unserer Seele als Wissen und Erkenntnis wiederfinden.

Unsere Seele hat alles Wissen über das, was wir jemals erfahren oder entschieden haben, gesammelt. Sie wandelt es in Erkenntnis um. Ist nur die Erfahrung ohne Erkenntnis vermerkt, wird die Erfahrung wiederkehren, um erneut zu versuchen, Erkenntnis und Heilung darüber zu erfahren.

Viele Energien und Erlebnisse, die noch nicht gelöst wurden, nehmen wir in unser nächstes Leben mit, so kann auch in unserer jetzigen Inkarnation einiges mitschwingen, was unser Leben nicht so leicht fließen lässt. Vielleicht tauchen immer wieder die gleichen Probleme und Situationen auf, oder es gibt ein Thema, das uns schon sehr lange begleitet. Heilen wir es und lösen die Ursachen auf Seelenebene dazu auf, kommen wir wieder in den göttlichen Flow, den sich viele von uns wünschen. Der göttliche Flow ist die Leichtigkeit des Fließens – alles geschieht zur richtigen Zeit und ohne Kraftaufwand.

Unsere Seele kennt unseren Seelenplan, warum sollten wir ihr also nicht vertrauen und uns ihr hingeben, wenn sie bereits alles weiß? Was kann uns Besseres passieren?

Sie kennt unseren Weg auf Erden und weiß genau, was wir brauchen, um unsere Aufgaben auf Erden erfüllen zu können. Sie kennt unsere Aufgabe hier. Vertrauen wir uns unserer Seele an und übergeben ihr die Führung.

Unsere Seele kennt den nächsten Schritt, den wir gehen können, um sich ihr näher zu fühlen. Das ist es doch: Eins werden mit unserer Seele, damit wir den göttlichen Strahl in unserem Leben leben können.

Die Seele weiß alles, was wir bereits erlebt haben, gerade erleben und noch erleben werden. Sie führt uns. Gebt eurer Seele die Hand, sie führt und begleitet euch, denn sie ist immer da.

Sie kennt euch so, wie kein anderer euch kennt. Sie weiß alles von euch, denn sie existiert bereits länger als euer Bewusstsein in eurer jetzigen Inkarnation auf Erden. Warum vertraut ihr eurer Seele nicht und gebt euch ihr hin? Sie war es, die euren Seelenplan für euer jetziges Leben aufgestellt hat. Sie weiß, wo euer Weg langgeht. Es ist so leicht, wenn ihr einmal die Entscheidung getroffen habt, das Zepter der Macht und die Energie des Festhaltens loszulassen und an eure Seele zu übergeben.

**Habt Mut,
die Seele kennt euren Plan!**

Loslassen – Schwerelosigkeit

Sich der eigenen Seele hinzugeben, bedarf eines vollkommenen Loslassens von Allem-was-ist. Das heißt, alle Muster, Gedanken, Verhaltensweisen, Egoenergien – alles, was ihr glaubt zu sein, müsst ihr freilassen. Das heißt, jedwede Kontrolle, die ihr versucht, permanent über euer Leben auszuüben, müsst ihr bereit sein, loszulassen. Das kann – muss aber nicht – ein schwerer Prozess sein.

Für die einen ist es wie eine Erlösung, sich von allem zu befreien und sich ihrer Seele endlich hingeben zu dürfen, für andere eher ein Gefühl des Sterbens und der Ungewissheit, was kommen wird.

Für alle, die sich ihrer Seele hingeben möchten, bedeutet das, ihre ganze Macht über sich und ihr Leben ihrer Seele zu übergeben.

Es ist aber nicht so, dass die Seele euch nun befiehlt, was zu tun ist und ihr nicht mehr Herr über euch selbst seid. Nein, so ist es nicht. Ihr könnt nach wie vor entscheiden, was ihr tun und lassen wollt, aber ihr lebt es aus einer anderen Motivation heraus.

Ich zum Beispiel hasse es, abzuwaschen oder jegliche Form von Hausarbeit auszuüben. Wenn ich mich aber meiner Seele hingebe, dann tue ich die Dinge, die getan werden müssen, mit einer anderen inneren Einstellung. Ich wasche dann ab oder sauge, ohne mich innerlich die ganze Zeit darüber aufzuregen.

Erst wenn wir alles in und um uns freilassen, ja, ich würde sogar sagen, es ist eine Form des Aufgebens, erst dann erhalten wir neue Möglichkeiten, unser Leben nach unseren Wünschen zu erschaffen. Das Leben wird sich nicht gleich komplett verändern, weil vieles bereits stimmig ist, wenn ihr Jahre vorher bereits an euch gearbeitet habt, aber es wird leichter werden. Wenn ihr die Macht an eure Seele abgebt und ihr auch eure Wünsche und Aufträge übergebt, dann seid ihr die Sorgen los, die euch daran gehindert haben, frei in den Tag hinein zu leben, um eurer wahren Aufgabe zu folgen. Die Hingabe an eure Seele eröffnet euch eine neue Dimension: die Dimension, im Jetzt zu leben.

Es kann sein, dass nun einige denken: Ja, aber so einfach ist das alles nicht!

Aber ich sage euch: Es ist leicht, in diese neue innere Haltung zu gehen und sich in der Liebe der Seele fallenzulassen. Es ist so eine große Erleichterung, die ganzen Ängste, die jeder von uns in sich trägt, nicht mehr erleben zu müssen. Kommen Ängste wieder hoch, dann ist das immer ein Zeichen dafür, dass ihr die Verbindung zu eurer Seele wieder verloren habt oder sie schwächer geworden ist.

Ohne Ängste und Sorgen leben zu müssen, ist ein entspanntes Gefühl. All die Last auf euren Schultern löst sich auf, die beklemmenden Emotionen in der Bauch- oder Herzgegend verschwinden plötzlich. Freude stellt sich ein. Ideen und Impulse haben nun einen neuen Raum erhalten, um sich zu zeigen.

Das Loslassen ist gleichzeitig mit der Hingabe verbunden. Es wird euch leichter fallen, alles frei zu lassen, wenn ihr euch zur selben Zeit eurer Seele hingebt. Es sind sozusagen zwei Gefühle, aber nur eine Handlung. Deswegen ist auch die Atemübung so konzipiert, dass Loslassen und Hingabe in einem Atemzug vereint werden. Beim Einatmen verbindet ihr euch mit eurer Seele, und beim Ausatmen lasst ihr alles los und euch in eure Seele fallen, um euch ihr hinzugeben. Einatmen: verbinden; ausatmen: loslassen und hingeben.

Stellt euch vor, wie ihr in einen Pool springt und euch ins Wasser fallen lasst. Das Wasser ist eure Seele, sie trägt euch. Ich stelle mir auch immer gleich vor, dass ich unter Wasser atmen kann, das erleichtert vieles. Oder ihr könnt euch vorstellen, wie ihr euch in eine Energie fallen lasst, die eure Seelenenergie darstellt.

Ihr werdet getragen von eurer Seele.

Seid ihr wirklich in das absolute Loslassen und in die Hingabe an eure Seele gegangen, entsteht in euch eine Schwerelosigkeit. Gerade wenn ihr das Loslassen in einer intensiven Meditation erfahren habt, könnt ihr diese Schwerelosigkeit in euch genau spüren. Es ist so, als würdet ihr leicht über dem Boden schweben. Alles fühlt sich neu und ungewohnt an. Es ist ein Zustand, der Raum und Zeit außer Kraft setzt. Alles ist.

Ihr seid mit allem verbunden, mit allem Göttlichen, mit dem lichtvollen Universum. In diesem Zustand der Schwerelosigkeit ist alles möglich!

Im alltäglichen Leben könnt ihr dieses Gefühl aufrecht-erhalten, indem ihr euch beim Einatmen immer wieder mit eurer Seele verbindet und so den Kontakt zu ihr aufrecht-erhaltet.

Gebt euch eurer Seele hin,
euch kann nichts Besseres passieren.

Hingabe an die Seele

Hingabe bedeutet, sich rückhaltlos auf jemanden oder etwas einzulassen, ohne jedwede Kontrolle oder Misstrauen. Hingabe ist nicht mit Aufgabe zu verwechseln. Bei der Hingabe bleibt man bei sich, bei der Aufgabe gibt man sich auf.

Lassen wir uns rückhaltlos in unsere Seele fallen, geben wir uns ihr hin. Sie übernimmt die Kontrolle über unser Leben und weiß, was am besten für uns ist, denn sie kennt unseren Seelenplan, es ist ihr Plan für unsere Inkarnation hier auf Erden.

Für mich war es eine Befreiung zu wissen, dass sich meine Seele nun um alles kümmert. Ich kann ihr alles übergeben, was mich beschäftigt, um eine Lösung zu finden. Ich kann ihr meine Wünsche übergeben, im Wissen und Vertrauen, dass sie diese nur erfüllt, wenn sie mir guttun.

Aber diese Hingabe an unsere Seele fällt den meisten erst einmal schwer, denn sie können sich nicht vorstellen, dass sie ihnen hilft und sich um alles kümmert. Die Seele ist nicht zu greifen, sondern nur zu fühlen, und dass macht es ihnen schwer, sich ihr rückhaltlos hinzugeben. Viele Menschen vertrauen zu wenig in ihre Seele. Sie trauen es ihr nicht zu, sich im Leben zurechtzufinden oder es sogar lenken zu können. Das tun sie, weil sie nicht wissen, wie viel Macht ihre Seele wirklich in sich trägt.

Viele von uns denken wenn sie alles scheinbar in der Hand haben, kann ihr Leben nicht aus den Fugen geraten (auch ich habe einmal so gedacht). Aber genau darin liegt das Problem. Wir versuchen, mit unserem Bewusstsein und unserem Ego unser Leben zu lenken, doch das kann nicht funktionieren, denn nicht alles, was wir uns bewusst mit oder ohne unseren Verstand vom Leben wünschen und vorstellen, ist in unserem Lebensplan enthalten. Nur unsere Seele weiß, was für uns am besten und auch vorgesehen ist.

Mir fiel es besonders schwer loszulassen: mich selbst, meine Muster, mein Leben, das, was ich bin und glaube zu sein, mein Haus, meine Familie, meine Katzen, meinen Besitz. All das musste ich bewusst loslassen, um in die absolute Hingabe an meine Seele gehen zu können. Und ich sage euch eins: Es war eins der schönsten Gefühle meines Lebens, diese absolute Hingabe an meine Seele erfahren zu dürfen. Einfach nur einmalig, wunderschön, kraftvoll und mächtig. Sie kann mir helfen, sie ist immer für mich da, sie weiß den nächsten Schritt, sie sendet mir Liebe, Vertrauen, Zuversicht und Freude. Was will ich mehr, als eins zu sein mit meiner Seele, eins zu sein mit Gott? Seid euch immer gewiss: Eure Seele ist das Wichtigste in eurem Leben, ohne sie könnt ihr nicht leben, dann verlasst ihr die Erde und wählt den Weg ins Licht.

Die Seele umfängt uns, die Seele energetisiert uns, die Seele schenkt uns die Liebe, die unermesslich, göttlich und grenzenlos ist. Sie stellt keine Bedingungen, sie erwartet nichts, sie lässt ihre Liebe frei zu uns fließen. Die Seele ist die einzige direkte Verbindung zu Gott. Durch sie sind wir mit Gott zu jeder Zeit in unserem Leben verbunden. Nehmen wir diese wundervolle Verbindung zu Gott dankbar an. Was wollen wir mehr, als einen direkten Zugang zu Gott in unserem Leben? Gott weiß alles, sieht alles, fühlt alles – genau wie unsere Seele.

Unsere Seele ist die Essenz Gottes.

Schutz durch die Seele

Die Seele ist der beste Schutz, den wir uns auf Erden vorstellen können – neben unseren Schutzengeln, persönlichen Sternenengeln, Einhörnern, Drachen und anderen Lichtwesen, die den Schutz für uns übernommen haben. Die Seele weiß am besten, wovor sie uns schützen muss, vorausgesetzt, ihre Kraft wurde freigeschaltet und wir pflegen die Verbindung zu ihr regelmäßig, am besten täglich. Nur wenn unsere Seele frei und ungehindert strahlen kann, hat sie die Fähigkeit, uns zu beschützen.

Wie soll das gehen?

Wenn unsere Seele grenzenlos und mit göttlicher Kraft aus uns erstrahlt und wir sie auch nicht daran hindern, dann erschafft sie eine Energie um uns herum, die alles auflöst, was nicht zu uns gehört oder uns nicht dienlich ist. Kommen zum Beispiel Fremdenergien auf uns zu, werden diese sofort in göttliches Licht gewandelt. Sind wir immer bewusst bei uns und mit unserer Seele verbunden, dann geschieht uns nichts, was nicht in unserem Seelenplan steht. Auch vor Terror sind wir dann geschützt, denn wir sind nur an den Orten, die für uns bestimmt sind. Gewalt und andere Taten, die uns verletzen, können uns in unserem Leben nicht mehr beeinflussen.

Wenn es aber von unserem Seelenplan so vorgesehen ist, dass wir etwas Unschönes erleben, dann ist das so. Das heißt aber nicht, dass wir nicht unserer Seele vertrauen können – gerade deswegen können wir es tun, weil wir wissen, alles geschieht im Zusammenspiel mit Gott und unserer Seele. Aber nach meiner Erfahrung und meinem Wissen widerfährt uns nichts Schlimmes oder Unschönes, wenn wir eins mit unserer Seele sind.

Seelische Verletzungen zählen auch zu den Fremd-energien, die uns beeinflussen können. Sind wir nicht eins mit unserer Seele, agieren immer unsere alten Muster, das Wissen von Erfahrungen oder auch unser innerer Mangel auf äußere Einflüsse. Diese Situationen können verbale Auseinandersetzungen sein, wie Streit in der Familie oder unter Partnern, Sticheleien in der Schule oder in der Arbeit und auch unbegründete Anfeindungen, vielleicht von un-seren Nachbarn oder Bekannten. Alle diese Verletzungen tun nichts mehr zur Sache, lassen wir dir Kraft unserer See-le frei fließen. Denn durch die Hingabe an unsere Seele ha-ben wir alles losgelassen, was uns immer niedrig gehalten oder blockiert hat. Leben wir diese Angriffspunkte in uns nicht mehr, kann auch keine Energie von außen an uns an-docken und uns verletzen.

Geben wir uns unserer Seele vollkommen hin,
tragen wir immer den besten Schutz bei uns.

Kraft durch die Seele

Unsere Seele birgt alle Kraft Gottes in sich. Diese Kraft ist außergewöhnlich und einzigartig. Ist die Kraft freigeschaltet, haben wir unendliche Energie zur Verfügung. Eine neue Lebensweise stellt sich ein, denn wir können permanent in unserer Seele Kraft tanken. Diese besondere Kraftquelle tragen wir in uns, egal, wo wir hingehen und uns befinden. Eine gefüllte Tankstelle, die auch noch mobil ist. Was wollen wir mehr?

Sind wir von unserer Seele abgeschnitten, steht uns auch diese Kraftquelle nicht zur Verfügung. Es könnte so einfach für uns alle sein, wenn wir uns für die Kraft unserer Seele öffnen würden. Was könnten wir alles schaffen, wenn wir ständig Energie hätten: die Arbeit, den Alltag, die Familie, unsere Berufung und vieles mehr. Auch mit unseren Problemen und negativen Gefühlen könnten wir anders umgehen.

Viele Menschen sind so erschöpft von ihrem Alltag, dass ihnen in der Freizeit keine Kraft mehr bleibt, um zu reflektieren, das Erlebte zu verarbeiten oder zu wandeln und dem zu folgen, was ihnen wirklich Freude bereitet. Die Gesellschaft kollabiert gerade. Viele Arbeitnehmer plagen sich Tag für Tag, sie gehen täglich gegen ihr Innerstes an, um sich immer noch den Anforderungen der Firma zu stellen und anpassen zu können. Dabei ist klar und deutlich an den Krankheitssymptomen vieler zu erkennen, dass etwas gründlich falsch läuft in der Arbeitswelt. Es muss auch dort ein Wandel zu einem neuen Bewusstsein geschehen.

Wären alle Angestellten mit ihrer Seele verbunden, würden sie wahrscheinlich das Unternehmen verlassen, weil es einfach nicht mehr stimmig wäre mit ihrem wahrhaften Sein.

Da die meisten Menschen nicht bewusst mit dem Wissen um ihre Seele leben, wird es noch einige Zeit dauern und einiger Krankheiten bedürfen, um eine Bewusstseinserkenntnis hervorzurufen.

Schade, denn es wäre alles so einfach, wenn sie sich mit ihrer Seele verbinden würden. Alle, die davon wissen, können nun anfangen, sich an der Quelle der Kraft in der eigenen Seele zu laben und sich davon zu ernähren.

Wichtig für die Nutzung dieser Kraft ist es, dass unsere Seele an Gott angebunden ist. Für einen Menschen, der an nichts glaubt, dürfte die Verbindung zur eigenen Seele sehr schwierig werden, wenn nicht sogar unmöglich.

Wer sind wir?

Warum hat unsere Seele eine direkte Verbindung zu Gott?

Wir sind ein Teil von ihm, weil unsere Seele aus der Essenz Gottes stammt. Man kann auch göttliche Quelle oder andere Namen für das, was über uns steht, verwenden. Gott ist eine unvorstellbare große und mächtige Energie, der wir alle entsprungen sind.

Es haben sich einzelnen Essenzen aus der Energie Gottes gelöst, die sich dann wieder geteilt und neu zusammengefunden haben. Deswegen spricht man auch oft von Seelenfamilien, wenn man sich einem oder mehreren Menschen zugehörig fühlt und eine starke Vertrautheit zueinander spürt. Eine Seelenfamilie sind verschiedene Essenzen beziehungsweise Seelenenergien, die sich zu einer Gruppe zusammengeschlossen haben. Sie befinden sich in gleicher Ebene und Schwingung.

Jede Seele hat einen Plan auf Erden, einem anderen Planeten oder einer anderen Ebene, die sie erfüllen möchte. Der Plan der Seele ist uns nicht bekannt, jedenfalls nicht bis ins Letzte. Tendenzen oder einige Aufgaben, die es in der Inkarnation zu erfüllen gibt, sind schon zu erkennen oder dürfen wir erfahren, aber den Grund oder den Plan, den unsere Seele für uns hat, dürfen wir nicht wissen. Wissen wir ihn, macht das Leben keinen Sinn mehr, denn wir wüssten alles im Voraus. Vielleicht sagen jetzt einige, das Wissen darum würde einiges erleichtern, aber die Engel sagen, dass wir eher niedergeschlagen und demotiviert wären, wenn wir wüssten, was wir alles noch vor uns haben. Das können schöne, wie auch nicht so schöne Erlebnisse sein. Wir erfahren immer dann ein Stück mehr von unserem weiteren Weg oder wer wir wirklich sind, wenn die Zeit reif und wir bereit dazu sind. Also wäre es gut für uns, wenn wir unserer Seele vertrauen würden, denn sie kennt den Plan unseres Lebens, hat sie ihn doch selbst ausgewählt

Wir sind unsere Seele, aber unsere Seele ist nicht automatisch eins mit uns. Bei den Menschen wurde vor einigen Jahren der freie Wille freigeschaltet, und so bleibt es ihnen überlassen, ob sie sich mit ihrer Seele vereinen oder nicht.

Bereits Jesus Christus versuchte damals auf Erden, den Menschen dieses Wissen und diese Erkenntnis näherzubringen, aber sie waren nicht bereit dazu. Jetzt hat sich die Energie verändert, die Schwingung erhöht, wodurch wir die Möglichkeit erhalten haben, mehr über uns zu erfahren und uns neuen Dimensionen und Erkenntnissen zu öffnen. Durch die stete Anhebung der Schwingung auf Erden erschließen sich ständig neue Räume, in denen eine Weiterentwicklung unseres Bewusstseins möglich ist.

Die Erkenntnis, dass wir Gott sind, gibt es schon lange, doch jeder trägt einen individuellen Zeitpunkt in sich, in dem er diese Erkenntnis fühlt und auch lebt.

Wir sind Gott!

(K)ein Glaube an Gott

Die Menschen, die nicht an Gott, die göttliche Quelle, Allah, Buddha oder andere ähnliche Energien glauben, werden sich schwertun, die Verbindung zu ihrer Seele aufrechtzuerhalten oder eine Verbindung zu ihr herzustellen.

Mir wurde einmal durchgegeben, wie die Menschen auf energetischer Ebene aussehen, die keine Verbindung zu Gott haben. Sie sind abgeschnitten von der göttlichen Kraft und Liebe, ich konnte keinen göttlichen Kanal nach „oben" sehen. Nach und nach wurden sie schwächer und vertrockneten. Umso schwerer tun sie sich im Alltag, ihre Liebe, Freude und Kraft kontinuierlich stabil zu halten.

Menschen, die eine bewusste Verbindung zu Gott in sich tragen, sind mit einem göttlichen goldenen Kanal nach „oben" verbunden und werden stetig von seiner Liebe genährt. Voraussetzung dafür ist, sich für diese wundervolle Liebe zu öffnen. Viele Menschen haben diesen Kanal, aber er wurde abgeschnürt oder sogar durchtrennt, oder sie wurden durch ein Trauma so verletzt, dass die göttliche Liebe nicht mehr durch diesen Kanal zu ihnen fließen kann. Das alles kann man heilen, wenn der Mensch anfängt, an seine Seele und eine göttliche Quelle zu glauben.

Dann sehe ich noch die Menschen, bei denen zwar dieser Kanal zu erkennen ist, aber der Verstand und das Ego so vorherrschen, dass kein Platz mehr für das Bewusstsein der Seele und der Glaube an Gott ist.

Es gibt also viele Ursachen dafür, dass die Verbindung zu Gott unterbrochen ist. Dennoch ist der Glaube daran, dass es keinen Gott, oder wie wir ihn auch nennen wollen, gibt, der verheerendste Zustand für eine Seele und für den jeweiligen Menschen, der sie in sich trägt.

Dieses Kapitel soll keine Warnung oder Drohung sein, denn jede Seele hat auf Erden einen anderen Plan.

Welche Fähigkeiten hat unsere Seele?

Die Seele ist das Wichtigste, was wir in unserem Leben haben. Ihre Kraft, ihre Macht, ihre Liebe und alles, was sie in sich trägt, steht uns immer zur Verfügung. Sie besitzt eine sehr große Transformationsenergie und kann alles in uns wandeln, zum Beispiel, was uns Sorgen bereitet, was uns blockiert, was Krankheiten verursacht und vieles mehr. Sie transformiert Unzufriedenheit und Lustlosigkeit in Zufriedenheit, Glück und göttliche Motivation. Unsere Seele füllt uns mit Freude und Liebe.

Sie hilft uns dabei, schwierige Situationen und Probleme aufzulösen und zu verändern. Maßgebend ist sie dafür verantwortlich, dass sie uns zur richtigen Zeit, am richtigen Ort, mit den richtigen Leuten zusammenführt, damit wir unsere Aufgabe auf Erden erfüllen können.

Sie kümmert sich um uns und sorgt für uns, gibt uns die Liebe, die wir uns so sehr wünschen, und hilft uns dabei, unsere Wünsche zu erfüllen. Unsere Seele kann Mangel in Fülle wandeln und innerem wie äußerem Reichtum in unserem Leben Einzug gewähren. Auch hilft sie uns dabei, den besten Partner in unser Leben zu ziehen. Sie hat die Kraft, unsere Körperzellen in göttliches Licht zu wandeln und sie mit Liebe zu füllen und vieles mehr.

Unglaublich und kaum zu fassen, was unsere Seele alles kann, und das geschieht auch noch auf allen Ebenen – auf kosmischer, seelischer, energetischer, körperlicher und irdischer Ebene. Unsere Seele ist eine einzigartige Energie, die alles kann!

Und diese wundervolle Energie haben wir seit Anbeginn unserer Existenz im Universum bei uns, ja, sogar in uns.

Warum greifen wir nicht auf diese machtvolle Energie zurück? Haben wir dieses Wissen und die Erkenntnis darüber in all den Leben und Jahren vergessen?

Das Leben wird leichter und entspannter, wenn wir uns mit unserer Seele verbinden und uns ihr im Vertrauen hingeben. Ängste verschwinden, und reine, göttliche Freude ist wieder zu spüren.

Die Wandlungen, Heilungen, Auflösungen und Veränderungen, die unsere Seele geschehen lassen kann, geschehen oft in Sekundenbruchteilen. Meistens erfahren wir das Ergebnis kurz darauf. Voraussetzung, dass alle Fähigkeiten unserer Seele wirken können, ist die Bereitschaft dazu und auch die Erkenntnis darüber, dass Transformation und Heilung nicht immer lange dauern und schwierig oder leidvoll sein müssen. Der Glaube an die Macht unserer Seele ist genauso wichtig wie das Loslassen von allem, was wir sind, um uns unserer Seele vollkommen hingeben zu können.

Hier noch einmal zusammengefasst, welche Fähigkeiten unsere Seele in sich trägt:

- Sie zeigt uns den Weg,
- sie kennt den göttlichen Weg unseres Herzens,
- sie füllt uns mit Freude und Liebe,
- sie füllt alle Körperzellen und wandelt Blockaden und dunkle Energie in lichtvolle Energie,

- sie löst Ängste auf,
- sie wandelt Mangel in Fülle,
- sie wandelt Unzufriedenheit in Glück,
- sie energetisiert die Körperzellen und löst Blockaden auf,
- sie löst Probleme,
- sie wandelt schwierige Situationen,
- sie wandelt disharmonische Situationen,
- sie zieht den optimalen Partner in unser Leben,
- sie hilft uns jederzeit, an jedem Ort, egal, wobei,
- sie kümmert sich um uns,
- sie sorgt für uns,
- sie gibt uns die Liebe, die wir uns immer ersehnt haben,
- sie ist die Essenz Gottes, sie wirkt durch uns,
- sie kann Wünsche in Erfüllung gehen lassen,
- sie löst Unklarheiten in Sekunden auf,
- sie trägt all das Wissen in sich, das wir jemals erlernt oder erfahren haben, auch aus früheren Leben,
- sie ist unser göttliches Potenzial,
- sie trägt alle unsere Fähigkeiten in uns,
- sie schickt uns göttliche Impulse,
- sie lässt uns erkennen,
- sie strahlt die göttliche Macht und Kraft aus.

Die Kraft der Seele freischalten – Praxis

Neue Behandlungsmethode:
Von innen nach außen

Früher dachte ich immer, wir müssen nach und nach unsere alten Muster und abgespeicherten negativen Erfahrungen von außen her transformieren, wie eine Zwiebel, die man schält. Schale um Schale, bis wir zu der eigenen Seelenessenz vorgedrungen sind. Das kann zuweilen sehr anstrengend sein. Vor allem aber haben viele oft das Gefühl, dass die schon bereits gelösten Muster immer wiederkehren, egal, wie oft man diese schon gelöst hat. Das lässt ein wenig Verzweiflung aufkommen und auch das Gefühl, es würde alles nichts nützen.

Dass die alten Energien, die man schon mehrmals gelöst oder gewandelt hat, in abgeschwächter Form zwischendurch mal „Hallo!" sagen, ist normal, doch werden sie in der Regel immer schwächer, bis sie ganz verschwinden. Das ist ein sehr langer Prozess, und manchmal kommen sie in solch einer Vehemenz zurück, dass man sich echt überlegt, ob das alles überhaupt etwas bringt. Ich muss und möchte euch sagen, dass ich erst durch meine neue Methode, mit der Seelenenergie zu arbeiten, gemerkt habe, das bestimmte Muster, die ich behandelt habe, nicht mehr auftauchten. Sie wurden ganz aufgelöst, ohne dass sie sich noch einmal bei mir zeigten, was ein befreiendes Gefühl ist. Das Leben verändert sich, es wird leichter.

Bei meiner neuen Behandlungsmethode gehe ich nun nicht mehr von außen nach innen, sondern von innen nach außen. Ich arbeite auf Seelenebene direkt an der Seelenenergie, die sich um den Seelenkern befindet, und löse alle Blockaden, Mauern und Ablagerungen auf, die sich in diesem oder in früheren Leben um die Seele gelegt haben. Man könnten sagen, ich schalte die Seele frei. Direkt im Seelenkern arbeite ich nicht, dieser ist heilig und darf von niemandem angerührt werden, auch nicht mit göttlicher Heilenergie. Es befindet sich aber noch eine Seelenenergie um die Seele, sozusagen die Aura der Seele. Dort können sich Muster, Fremdenergien oder tiefe Verletzungen befinden, die ich dann mit Hilfe des göttlichen Strahls löse.

Die Seelenenergie selbst ist die Energie, die der Seelenkern dann nach der Freischaltung ausstrahlt. Mit dieser freifließenden Energie kann ich dann alles behandeln, egal, welcher Bereich und welche Themen, Muster, Beziehungen, Gefühle oder Programme – alles kann mit der freifließenden Seelenenergie gewandelt werden.

Wenn die Seele von Ablagerungen blockiert ist, kann sie nicht frei in eurer Leben fließen und euch dann nur schwer helfen, euren Weg zu gehen, für den ihr auf Erden gekommen seid. Mit der neuen Behandlungsform auf Seelenebene können Heilung und Wandlung schnell und effektiv geschehen. Alles findet auf Seelenebene statt und kann von innen her in die Transformation gehen. Die Kraft, die freigeschaltet wurde, kann so in alle Bereiche eures Lebens fließen. Die Seele nimmt an Kraft und Energie zu und kann so intensiv von innen nach außen die Wandlung geschehen lassen und euer Leben positiv beeinflussen. Die Seelenenergie energetisiert und aktiviert euer Leben.

Stellt euch eine leuchtende Kugel vor, die sich in eurem Körper befindet und nach außen strahlt. Die Zwiebelschale, die ich vorher erwähnt habe, ist zwar noch da, aber ihr Inneres strahlt ungehindert nach außen und löst die Schalen von innen her auf. Da die reine Seelenenergie das kraft- und auch machtvollste Instrument in euch ist, das ihr für eure Heilung und Transformation einsetzen könnt, geschieht die Wandlung von innen her schneller als von außen, wie die Jahre davor.

Wichtig ist, und das sage ich immer wieder, sich selbst regelmäßig mit der eigenen Seele zu verbinden, alles loszulassen, um sich ihr vollkommen hinzugeben. Diese Meditation ist das „A" und „O", um weiter diesen Weg der Leichtigkeit gehen zu können.

Diese Methode von innen nach außen von der Seelenebene aus zu arbeiten ist revolutionär, denn ihr könnt damit in alle Bereichen, in alle disharmonischen Beziehungen, in alle Probleme Heilung geben, um Wandlung geschehen zu lassen. Ich arbeite inzwischen am liebsten mit dieser Methode, weil sie so tiefgreifend, effektiv und erfolgreich ist. Dabei schaue ich nicht nur in den jeweiligen Bereich beziehungsweise das Problem/Muster, sondern auch dahinter in die Ursache. Warum ist etwas zustande gekommen, was euch jetzt in eurem Leben blockiert? Warum verstehe ich mich nicht mit meinem Chef oder Kollegen? Was ist der Grund dafür? Warum habe ich diese körperlichen oder geistigen Beschwerden? Warum verstehe ich mich nicht mit meinen Eltern? Alles, ja, alles kann mit Hilfe der Behandlung auf Seelenebene freigeschaltet und ins Fließen gebracht werden. Alles, was wichtig ist für ein wahres Sein auf Erden, um Liebe, Glück, Gelassenheit, Freude, Reichtum und vieles mehr im Leben erfahren zu können.

**Unsere Seele strahlt von innen nach außen,
um unser Leben im Sinne des Göttlichen zu erschaffen.**

Seelenverletzungen

Es gibt bestimmte Energien, die eine Seele davon abhalten, in ihrer göttlichen Wahrhaftigkeit zu strahlen. Das können Fremdenergien, alte Verträge oder auch eigene Muster und Entscheidungen sein.

Die Seele an sich kann nie verletzt sein, denn ihr Kern ist durch ihre eigene Kraft immer vor Einflüssen oder Angriffen geschützt. Es kann aber sein, dass sich negativ auswirkende Energien in der Seelenenergie um den Seelenkern herum befinden. Oft sind sie nicht wirklich klar zu erkennen, ich nehme sie wahr und spüre, dass dort noch etwas hängt, was nicht dorthin gehört. Ab und an sehe ich auch, dass die Seelenenergie etwas matt oder dunkler ist, als sie ursprünglich ist. Oder ich erkenne zum Beispiel einen Stachel, der aus einer Verletzung entstanden ist, der in der Seelenenergie steckt. Das alles kann ich mit Hilfe des göttlichen Strahls lösen, um die Wunde dann mit der Energie von Erzengel Raphael zu füllen.

Wenn die Ursache für die Blockade zu heftig oder zu stark ist, gehe ich dann eine Ebene höher in die göttliche Ebene, wo sich dann die Ursache dafür lösen lässt, damit die Seele wieder frei fließen kann.

Ablagerungen von der Seele lösen

Ablagerungen sind Energien, die die Seele daran hindern, frei zu fließen. Das können Vorrichtungen sein, die wir selbst erschaffen haben, um unsere Seele vor Fremdeinflüssen zu schützen. Es gibt aber auch Gebilde, die die Seele scheinbar in ihrer Mitte halten oder von jemand anderem gehalten werden. Andere Ablagerungen zeigen sich in Form von Kugeln, in denen die Seelenessenz enthalten ist, Truhen oder Kästchen. Auch Pflanzen oder sogar Schokolade konnte ich auf den Seelen sehen. Die Ablagerungen sind individuell, bei jeder Freischaltung sehe ich etwas anderes.

Ablagerungen können alles Mögliche sein, hier einige Beispiele:

- Kugeln um die Seele herum,
- Kisten, in denen die Seele versteckt ist,
- Ballons, gefüllt mit Wasser, in denen eine Kugel mit der Seele als Inhalt schwimmt,
- Kristalle, die die Seele umhüllen,
- Uhren, an denen ich bestimmte Knöpfe drücken muss, damit die „Uhr" nach und nach aufgeht, um an die Seele heranzukommen,
- Erde, in die die Seele vergraben ist,
- Menschen, die hinter der Seele stehen,
- Fäden, die die schützende Kugel um die Seele festhalten,

- Seile, die die Seele umschlingen,
- Nadeln,
- Moos oder andere Pflanzen, die eine Kugel bedecken, in der sich die Seele befindet,
- Rohre, in denen die Seele versteckt ist,
- Reagenzgläser, in denen die Seele enthalten ist,
- Truhen, die zu öffnen sind,
- Stacheldraht, der um Kugeln gewickelt ist,
- energetische Verstrickungen und ätherische Schnüre, die die Seele umfangen,

und vieles mehr.

Wie gesagt, die Bilder, die ich während einer Behandlung empfange, sind individuell und alle unterschiedlich. Meistens sehe ich mehrere Ablagerungen nacheinander, wie die russische Holzpuppe Matroschka, die ich nacheinander öffnen muss. Die durchgegebenen Bilder haben immer etwas mit dem Seelenleben und dem Leben des Patienten zu tun.

Zum Glück kann man diese Energien alle lösen.

Fremdenergien, Besetzungen oder Verträge lösen

Auf Seelenebene können sich auch Fremdenergien und Besetzungen befinden. Diese sehe ich dann als Energien um die Seele herum oder als Personen oder Wesen, die hinter der Seele stehen. Manche Energien umfangen auch die Seelenenergie, oder ich sehe eine matte Energie in der Seele.

Oft sind es nahestehende Menschen, die einen sehr starken Einfluss haben. Das kann der Vater, die Mutter oder auch der Ehemann sein. Aber auch aus früheren Leben können Menschen auftauchen. Alle haben meistens einen Vertrag in der Hand, der es ihnen erlaubt, diese Manipulation und Besetzung bei der Seele vorzunehmen. Bei den meisten Verträgen steht sogar ein Ablaufdatum des Vertrages unten neben der Unterschrift, das oft schon abgelaufen ist. Dann gilt es, beide Parteien darauf hinzuweisen, dass der Vertrag nicht mehr gültig ist. Ist der Vertrag gültig, muss ich mit beiden Beteiligten verhandeln.

Ist der Vertrag gelöst, verschwindet der ehemalige Vertragspartner schnell, oft auch mit Hilfe der Engel.

Fremdenergien können auch ohne direkte Personen in der Seele sein. Wesen aus anderen Ebenen oder Energien von früheren Leben sind dann sehr wahrscheinlich. Jede Freischaltung ist anders, so werden auch die Fremdenergien und Besetzungen individuell gelöst.

Bei Verträgen kann es sein, dass sich der Ursprung auf der göttlichen Ebene befindet, auf die ich dann gehe, um von Nahem zu sehen, was vor sich geht oder auch gegangen ist. Dort kann ich auch den Senat der Akasha-Chronik zu Rate ziehen und fragen, ob der Vertrag in Ordnung ist, ob schon ein neuer besteht oder überhaupt ein Vertrag bestand. Auch frühere Leben helfen dabei, die Ursache für den jeweiligen Vertrag zu finden. Ist das so, wird in dem früheren Leben der Grund dafür gelöst, zum Wohl aller. Die Restenergien dieses früheren Lebens werden dann ebenfalls in der jetzigen Inkarnation gelöst.

Dieser Bereich der Fremdenergien, Besetzungen und alten Verträge ist ein sehr umfassendes Thema, und es ist immer wieder spannend zu sehen, was sich Wesen, Menschen und Energien alles einfallen lassen, um nicht selbst in die göttliche Mitte gehen zu müssen.

Diese fremden Energien gibt es direkt im Seelenkern nicht, denn dieser ist unantastbar, aber um ihn herum in der Seelenenergie, also in der Aura der Seele, können sich viele fremde Energien aufhalten. Aber das muss nicht bei jedem sein, ich sehe das auch nicht so oft bei Behandlungen. Dunkle Wesen sind nur Wesen ohne Licht, sie suchen das Licht und die göttliche Kraft, die sie sich dann abziehen. Dennoch wäre es gut, sie ins Licht zu schicken, um die freie Kraft der Seele für sich selbst nutzen zu können.

Das Innere Kind heilen

Bei der ersten Behandlung der Freischaltung der Kraft der Seele lasse ich immer die freie Seelenenergie in den Bereich des Inneren Kindes fließen. Ich habe mit der Zeit festgestellt, dass es den Patienten nach der Freischaltung der Kraft der Seele leichter fällt, Verbindung zu ihrer Seele aufzunehmen, wenn der Bereich des Inneren Kindes ebenfalls freigeschalten wurde. In der Kindheit wird oft die Verbindung zur Seele durchtrennt, das geschieht immer aus einer eigenen Entscheidung des Kindes heraus. Es sind meistens äußere Einflüsse, wie zum Beispiel die Eltern, die das Kind durch ihr Verhalten veranlassen, den Kontakt zur eigenen Seele abzubrechen. Viele Kinder erleichtern sich dadurch erst einmal das eigene Leben, weil sie nicht mehr gegen die äußeren Widrigkeiten kämpfen müssen. Sie passen sich dem Leben der anderen an, um einen Weg für sich selbst zu finden, gut durch die Zeit der Kindheit zu kommen. Viele vergessen jedoch später, diese Entscheidung von damals wieder zu revidieren und den Kontakt zu ihrer Seele wiederherzustellen.

Wenn dieser Bereich des Inneren Kindes nicht frei fließt, sehe ich oft das Kind in einem Schuppen, in einem Raum, in einem Versteck, in einem dunklen Keller oder sogar in einem Verlies sitzen. In diesem meist kleinen Raum hat es sich oft ein Stück Seelenenergie bewahrt, meistens erkenne ich das in Form eines Lichts, das in dem Versteck scheint. Ist nur kalte und dunkle Energie zu spüren, konnte sich das Kind auch diesen Schatz nicht bewahren. Doch die

Seele ist ja nicht weg, und mit meiner Behandlung kann ich die Verbindung zur eigenen Seele wiederherstellen.

Bei dem Bereich des Inneren Kindes geht es nur um das Innere Kind, nicht um traumatische Erlebnisse oder andere schlimme Erfahrungen. Die Ursache, warum sich das Kind damals so entschieden hat, wird damit nicht gelöst. Das müsste man sich in einer weiteren Behandlung näher ansehen. Meistens ist es die Beziehung zu den Eltern oder die Erziehung, die das Kind veranlasst hat, sich gegen die Seele zu entscheiden.

Wichtig ist nur, dass sich die später erwachsenen Kinder an die Seele erinnern und die Verbindung wieder zu ihr aufnehmen wollen. Eine längere Trennung von der eigenen Seele bewirkt eine Trennung auf seelischer und körperlicher Ebene, was eine spätere Krankheit (siehe Kapitel: Krankheit und die Seele) auslösen kann.

Ist der Kontakt zur Seele wieder hergestellt, fallen auch die Seelenmeditation und das Seelenatmen leichter. Die Verbindung zur Seele ist etwas sehr Graziles, wenn sie noch nicht lange besteht. Diese sollte täglich gepflegt und gestärkt werden, damit sie nicht wieder schwach wird oder vielleicht ganz abreißt.

Göttliche Ebene

Oft begegnen mir während der Behandlung Blockaden oder Hindernisse, die ich eine Ebene höher ansehen muss, um sie auf Seelenebene lösen zu können.

Wenn ich in einen bestimmten Bereich schaue, zum Beispiel in den Selbstwert, und sehe eine Tür, ein Tor oder eine Mauer und kann die Seelenenergie nicht einfließen lassen, dann weiß ich, ich muss eine Ebene höher auf die göttliche Ebene gehen.

Auf der göttlichen Ebene sehe ich meistens nur Kontrukte, wie einen Brunnen mit gespannten Seilen, wo die Seelenessenz feststeckt. Oder ich sehe eine Art Wippe, wo die Seelenessenz in der Mitte der Wippe eingeschlossen ist. Es gibt auch Verstecke unter der Erde, oder die Seelenessenz ist in Schnüre verpackt. Das ist individuell. Meistens wird mir dann von jemandem ein alter Vertrag gezeigt, der einmal abgeschlossen wurde. In den meisten Fällen ist die Vertragslaufzeit schon länger abgelaufen, dann weise ich darauf hin, dass kein Recht mehr besteht, die Seelenessenz festzuhalten und löse den Vertrag auf. Die Seelenessenz ist frei.

Ist die Seelenessenz auf göttlicher Ebene befreit, strahlt sie in den ganzen Kosmos, der die Seele umgibt. Es sind unendliche Weiten und Tiefen, die ich dann wahrnehme, die absolute göttliche Freiheit. Ist die Blockade auf göttlicher Ebene gelöst, ist automatisch auch der Bereich auf Seelenebene geöffnet oder die Blockade aufgelöst.

Nachwirkungen

Aufbäumen des Egos

Seele und Ego befinden sich meistens nicht in der Einheit und auf verschiedenen Ebenen. Das Ego steht für die Energie der alten Welt, die Seele für das göttliche und die Energie der neuen Welt. Sie sind getrennt voneinander und leben eigenständig. Doch besteht immer ein Kampf, der von dem Ego ausgeht. Aber auch das Ego können wir in eine neue Energie wandeln, wenn wir bereit dazu sind. Das Ego erhält dann eine neue Aufgabe.

Nach einer Freischaltung kann es sein, dass das Ego sich eine Zeit lang aufbäumt. Das zeigt sich meistens in Form von schlechter Laune, die bis zu zwei Tagen anhalten kann. Da das Ego bis jetzt eine bestimmte Position und Macht über uns hatte, fühlt es sich nun abgewiesen und nutzlos und muss umso mehr dagegen ankämpfen, dass es vergessen wird. Wichtig ist in dieser Phase, dass ihr immer wieder in eure Seele atmet und euch ihr hingebt, so konzentriert ihr euch automatisch und gebt dem Ego immer weniger Raum, sich zu wehren.

Das Ego hilft uns immer noch, indem es uns vor bestimmten Situationen und Handlungen warnt. Darauf können wir auch weiterhin reagieren und handeln. Doch Ängste, Zweifel, Gier, Neid, Minderwertigkeit und viele andere niedrigschwingende Gefühle, von denen sich das Ego nährt, können wir in neue Energie und Kraft wandeln, die wir dann für unseren Seelenweg auf Erden verwenden.

Wir können unserem Ego auch eine neue Aufgabe geben, die uns auf unserem Weg unterstützt. Das kann zum Beispiel sein, dass es Ausschau nach Freude halten soll oder unsere Zweifel auflöst und uns in unserer Kraft stärkt. Jeder muss für sich selbst herausfinden, wie er sein Ego wandeln möchte und welche neue Aufgabe er ihm übergibt.

Klares Gefühl von Stimmig oder Unstimmig?

Vieles, was wir vielleicht einfach so getan haben, geht nun nicht mehr so leicht von der Hand.

Es kann sich ein neues Widerstreben in uns spürbar machen. Dieses Gefühl, dass etwas gegen unser Herz läuft, kann auch schlechte Laune oder plötzliche Wut in uns auslösen. Ist die Seele freigeschaltet, spüren wir noch stärker, was in unserem Leben passt und was nicht. Das kann alles betreffen, zum Beispiel, dass wir etwas aus der Motivation heraus, etwas gut zu meinen, für jemanden tun. Diese Handlung ist eine Missachtung unseres Gegenübers, weil er es vielleicht gar nicht wollte, wir ihm aber unsere Hilfe aufgedrängt haben. Die Handlungen, die auf der Energie des „Gut gemeinten" basieren, entspringen nicht unserem Herzen.

Oft ist die Liebe auch eine Ausrede für etwas, was wir für jemand anderen tun. Es ist die Handlung in Liebe gemeint, die vielleicht gar nicht mehr mit Liebe gefüllt ist, sondern sich inzwischen in Gewohnheit umgewandelt hat.

Einfaches Beispiel: In den ersten Jahre der Ehe habt ihr gerne gekocht und die Küche aufgeräumt, ihr habt es aus Liebe getan. Dann wurde es langsam zur Gewohnheit, aber immer noch habt ihr gedacht: Ich mache es ja aus Liebe. Aber nach vielen Jahren merkt ihr, auch gerade nach einer Freischaltung, dass es nicht mehr stimmig ist und ihr euch wünscht, dass euch diese Arbeit mal abgenommen wird oder ihr sie gar nicht mehr tun müsst. Im Kopf habt ihr immer noch drin, dass ihr es einmal aus Liebe getan habt, aber das hat sich nun gewandelt, ihr habt euch gewandelt. Es ist nicht mehr stimmig für euch. Das kommt dann besonders zum Vorschein, wenn die Seele frei fließen kann, denn sie möchte nur das in eurem Leben, was ihr entspringt, und das kann bei vielen etwas anderes geworden sein als zu kochen und aufzuräumen.

Auch eine Partnerschaft kann sich nach einer Freischaltung ändern, sie kann enger und liebevoller werden, oder ihr erkennt jetzt, dass sie nicht mehr stimmig ist. Natürlich gibt es noch viele Abstufungen dazwischen, und vielleicht ist nur ein Thema oder Bereich in eurer Partnerschaft nicht mehr stimmig. Dieses Beispiel diente jetzt nur zur Veranschaulichung.

Es gibt unzählige Dinge, Gefühle, Situationen, bei denen wir jetzt spüren können, dass etwas nicht mehr eins mit uns ist, es einfach nicht mehr passt. Die Seele lässt uns erkennen, was in unserem Leben noch stimmig ist und was nicht. Sie sendet uns Impulse, um Neues geschehen zu lassen. Wichtig ist, dass wir die Impulse auffangen und sie umsetzen. Voraussetzung dafür ist, dass wir es wollen und bereit für diese Veränderung sind.

Natürlich haben wir immer die freie Wahl. Entschließt ihr euch, alles beim Alten zu lassen, dann lasst alles beim Alten, wenn es für euch stimmig ist.

Es zählt der freie Wille, um den Weg der Erkenntnis auf Erden gehen zu können.

Was geschieht nach der Freischaltung der Kraft der Seele?

Was geschieht eigentlich nach der Freischaltung der Kraft der Seele und einer regelmäßigen Hingabe an die Seele?

Das Leben wird leichter

Was für ein wunderbares Gefühl es ist, wenn das Leben leichter wird. Gerade in den letzten 20 Jahren geschah so viel Wandlung auf Erden und im Leben der Menschen, dass es eine Erleichterung ist, wenn wir uns regelmäßig unserer Seele hingeben. Viele von uns sehnen sich nach mehr Leichtigkeit, denn die Anforderungen im Beruf, im Privatleben und sogar im Bekannten- und Freundeskreis sind enorm hoch geworden. Viele, die sich schon seit einiger Zeit auf dem spirituellen und bewussten Weg befinden, werden heute immer noch mit der Energie der Dritten Dimension konfrontiert, weil es Menschen gibt, die im alten Rationellen noch sehr verhaftet sind. Mit der Freischaltung der Kraft der Seele wird auch dieser Umgang leichter, weil wir uns nicht mehr rechtfertigen, nicht mehr als dazugehörig fühlen müssen.

Natürlich haben viele von uns bereits gelernt, sich nicht mehr für die neue Lebensweise erklären zu müssen, aber auch wenn wir zu 100 Prozent hinter uns stehen, geraten wir noch in Situationen, die von alten Glaubensmustern beherrscht werden. Wenn wir eins mit unserer Seele sind, fühlen wir uns auch in diesen Situationen sicher. Wir befinden uns in einer liebenden Neutralität, die herrlich und, vor allem, befreiend ist. Wir müssen zum Beispiel nicht mehr sagen: Wir haben auch ein neues Auto, wir waren auch schon einmal dort im Urlaub usw., weil es nicht mehr wichtig ist. Es ist ein absolut befreiendes Gefühl – ein Gefühl von Liebe, Reichtum und Fülle. Mangel hat dann keinen Platz mehr in uns.

Das Leben wird freudvoller

Wenn wir neutral und in der Einheit unserer Seele sind, kann wahre göttliche Freude aufkommen. Die göttliche Freude ist eine feine, zarte, aber zugleich kraftvolle Energie, die unser Leben in allen Bereichen, Phasen und Situationen bereichert. Es ist eine Freude, die direkt Gott entspringt und aufkommt, auch wenn es offensichtlich nichts zum Freuen gibt. Aber die Einheit mit unserer Seele ist Freude genug. Öffnen wir uns unserer Seele und lassen die göttliche Freude in unserem Leben zu.

Wir leben im Moment, weil wir uns nicht mehr um unsere Sorgen kümmern müssen.

Was für eine wundervolle und befreiende Vorstellung ist es, sich keine Sorgen mehr machen zu müssen. Auch wenn wir nicht darauf aus sind, uns Sorgen zu machen, kommen automatisch Gedanken auf, die uns wieder in diese Energie bringen. In dieser Zeit des Sorgens verpassen wir die Kraft der Gegenwart und Präsenz, die uns zugänglich gemacht wird, wenn wir uns unserer Seele hingeben. Unsere Seele kümmert sich um unsere Sorgen. Der Anfang ist zwar nicht so einfach, bis man zu diesem wundervollen

Gefühl kommt, aber es lohnt sich, dranzubleiben, um end-lich frei zu sein von irgendwelchen Sorgen oder angstma-chenden, misstrauischen oder zweifelnden Gedanken.

Wir fühlen Vertrauen in uns

Wir kennen unsere Seele seit Anbeginn der Existenz unserer Seelenessenz. Wem sollten wir mehr vertrauen als ihr? Eingebettet zu sein im göttlichen Vertrauen, das aus uns selbst erstrahlt, ist eins der schönsten Gefühle über-haupt. Uns sicher und beschützt zu fühlen, zu wissen, dass immer für uns gesorgt ist, was auch immer passiert. Ver-trauen ist eine sehr hochschwingende Energie, die wir in unserer Seele tragen. Lassen wir sie zu und empfangen das Vertrauen unserer Seele, um uns in ihr zu baden.

Wir fühlen Liebe in uns

Die Liebe unserer Seele ist das Kraftvollste, Mächtigste und Schönste in unserem Leben. Es ist eine Liebe der voll-kommenen Vertrautheit, eine Liebe, nach der wir uns im-mer sehnen und sie oft in unserem Partner suchen. Doch die Liebe, die wir wirklich aus unserem tiefsten Sein ersehnen, ist die vertraute Liebe unserer Seele.

Mangel verschwindet und Fülle kommt

Durch die Freischaltung der Kraft unserer Seele können wir unsere Seelenenergie ungehindert in unser Leben flie-ßen lassen und allen Mangel, der sich in und um uns he-rum befindet, füllen. Fülle stellt sich ein, die sich nach und nach im Außen zeigt.

Wir können Probleme an unsere Seele abgeben, diese werden schnell gelöst

Unsere Seele wartet nur darauf, dass sie endlich Aufgaben von uns erfüllen kann. Sie möchte sich um uns kümmern, wir können ihr alles abgeben, was uns beschäftigt, was uns Probleme bereitet, wo keine Lösung zu sehen ist und vieles mehr. Wir können ihr alles übergeben, damit sie sich darum kümmert. Unsere Seele löst unsere Probleme meistens in einer Geschwindigkeit, die wir nicht fassen können.

Wir lernen wieder, göttliche Freude in uns zu spüren

Wenn unsere Kraft der Seele frei fließen kann, kann auch die reine göttliche Freude von Gott durch uns fließen. Es ist eine neutrale Freude, unabhängig von Situation und Stimmung. Göttliche Freude **ist** einfach.

Wir fühlen uns geborgen und beschützt

Ist die Kraft freigeschaltet, beschützt uns unsere Seele. Lernen wir, auf ihre Impulse zu hören und diese umzusetzen, dann sind wir immer in Sicherheit. Gerade in der heutigen Zeit lauern viele Gefahren, deswegen ist es umso wichtiger, immer bei uns, bei unserer Seele zu bleiben, denn sie kennt den Weg des Schutzes. Unsere Seele gibt uns die göttliche Geborgenheit, nach der so viele Menschen suchen. Viele suchen diese bei ihrem Partner, dieser ist aber oft nach einiger Zeit den Erwartungen nicht mehr gewachsen, weil jeder selbst für seine Geborgenheit zuständig sein sollte, nicht andere. Unsere Seele gibt uns diese besondere Geborgenheit, sie ist warm und zärtlich und hält uns in ihren Armen. Wir können alles loslassen und uns an unsere Seele anlehnen, indem wir uns ihr hingeben und vertrauen.

Unser Potenzial kann sich öffnen und zeigen

Unsere Seele trägt unser Potenzial in sich. Mit der Freischaltung ist der Weg zum eigenen Potenzial frei, außer es befinden sich noch einige Blockaden oder Muster davor, die aber jetzt mit Leichtigkeit in einer weiteren Behandlung zu lösen sind. Unser Potenzial ist unsere Seele, sie enthält alles, was wir sind.

Neue Fähigkeiten können zum Vorschein kommen

Mit der Freischaltung der Kraft der Seele werden neue Türen geöffnet, so auch die Türen zu unseren Fähigkeiten, egal, welcher Natur – handwerklich, spirituell usw. Zu den schon bekannten Fähigkeiten kommen neue hinzu, nicht weil sie jetzt erst zu uns kommen, sondern weil sie hinter den Ablagerungen der Seele verborgen waren und keinen freien Weg nach außen hatten, um zu wirken.

Alle anderen Fähigkeiten können sich verstärken

Mit der Freischaltung werden die bereits gelebten Fähigkeiten in ihrer Intensität verstärkt. Wenn jemand die Fähigkeit des Channelns hat, kommt vielleicht noch ein Kanal dazu, oder er/sie erhält Botschaften von anderen Ebenen oder Lichtwesen. Das kann sich nach und nach entwickeln und stärker werden. Oft werden diese Fähigkeiten in ihrer Wirkungsweise und in ihrem Tiefgang potenziert.

Bessere Laune

Wir bekommen bessere Laune, weil viele Sorgen wegfallen und wir uns geliebt, versorgt, geborgen und beschützt fühlen.

Zufriedenheit und Glück können sich einstellen

Dadurch, dass wir den Reichtum, das Vertrauen, die Liebe, die Geborgenheit, die Freude und vieles mehr, was unsere Seele in sich trägt, in unser Leben fließen lassen, stellen sich automatisch Zufriedenheit und Glück ein.

Alles, was nicht mehr stimmig ist, zeigt sich nun, um gewandelt zu werden

Durch die Freischaltung werden auch die Pforten geöffnet, die uns erkennen lassen, was nicht mehr stimmig ist in unserem Leben. Durch die freie Verbindung zu unserer Seele empfangen wir ihre Energie, ihre Wünsche, ihren Lebensplan und alles, was für uns bestimmt ist. So kann es vorkommen, dass alles, was damit nicht zu vereinen ist, hochkommt, damit wir es in Licht wandeln können.

Impulse und Wahrnehmung können stärker werden

Da der Weg zu unserer Seele nun frei ist, können wir auch ihre Impulse und Energien besser wahrnehmen. Auch wenn es etwas Übung bedarf, diese bewusst zu spüren, ist der Weg dorthin frei.

Ego-Energien auflösen

Kann unsere Seelenenergie frei in uns und in unser Leben fließen, erhöht sich automatisch unsere Eigenschwingung. Das hat zur Folge, dass sich unser Ego nach und nach auflöst. Wir können aber unserem Ego eine neue Aufgabe geben, die zu unserer neuen Eigenschwingung passt. Fragt euer Ego, was es gerne sein möchte, damit es mit euch den Weg der Wandlung gehen kann.

Unsere Eigenschwingung erhöht sich

Durch die Freischaltung kann die Seele ungehindert in unseren Körper fließen, wodurch sich unsere Eigenschwingung immens erhöht.

Kurz zusammengefasst:

Was geschieht nach der Freischaltung der Kraft der Seele?

- das Leben wird leichter,
- das Leben wird freudvoller
- wir leben im Moment, weil wir uns nicht mehr um unsere Sorgen kümmern müssen,
- wir fühlen Vertrauen in uns,
- wir fühlen Liebe in uns,
- Mangel verschwindet und Fülle kommt in unser Leben,
- wir können Probleme an unsere Seele abgeben, die schnell gelöst werden, wenn wir unserer Seele ganz vertrauen,
- wir lernen, wieder göttliche Freude in uns zu spüren,
- wir fühlen uns geborgen und beschützt,
- unser Potenzial kann sich öffnen und zeigen,
- neue Fähigkeiten können zum Vorschein kommen,

- alle anderen Fähigkeiten können sich verstärken,
- bessere Laune,
- Zufriedenheit und Glück können sich einstellen,
- alles, was nicht mehr stimmig ist, zeigt sich nun, um gewandelt zu werden,
- unsere Impulse und Wahrnehmung können stärker werden,
- Ego-Energien lösen sich auf,
- unsere Eigenschwingung erhöht sich.

Warum Loslassen so wichtig ist für Erfolg, Liebe, Gesundheit und Reichtum

Um sich der eigenen Seele hinzugeben, bedarf es eines vollkommenen Loslassens von Allem-was-ist. Das heißt, alle Muster, Gedanken, Verhaltensweisen, Ego-Energien — alles, was ihr glaubt zu sein, müsst ihr frei lassen. Ihr müsst bereit sein, jedwede Kontrolle, die ihr versucht, permanent über euer Leben auszuüben, loszulassen. Das kann, muss aber nicht, ein schwerer Prozess sein.

Für die einen ist es wie eine Erlösung, sich von allem zu befreien und sich ihrer Seele endlich hingeben zu dürfen, für die anderen eher ein Gefühl des Sterbens und der Ungewissheit, was kommen wird.

Für alle, die sich ihrer Seele hingeben möchten, bedeutet das, ihre ganze Macht über sich und ihr Leben ihrer Seele zu übergeben.

Es ist aber nicht so, dass die Seele euch nun befiehlt, was zu tun ist und ihr nicht mehr Herr über euch selbst seid. Nein, so ist es nicht. Ihr könnt nach wie vor entscheiden, was ihr tun und lassen wollt, aber ihr lebt es aus einer anderen Motivation heraus.

Erst wenn wir alles in und um uns frei lassen, ja, ich würde sogar sagen, es ist eine Form des Aufgebens, erhalten wir neue Möglichkeiten, unser Leben nach unseren Wünschen zu erschaffen. Das Leben wird sich nicht gleich komplett verändern, weil vieles bereits stimmig ist, wenn ihr Jahre vorher bereits an euch gearbeitet habt, aber es wird leichter werden. Wenn ihr die Macht an eure Seele abgebt und ihr auch eure Wünsche und Aufträge übergebt, dann seid ihr die Sorgen los, die euch daran gehindert haben, frei in den Tag hinein zu leben, um eurer wahren Aufgabe zu folgen. Die Hingabe an eure Seele eröffnet euch eine neue Dimension, die Dimension, im Jetzt zu leben.

Es kann sein, dass nun einige denken: Ja, aber so einfach ist das alles nicht!

Aber ich sage euch eins: Es ist leicht, in diese neue innere Haltung zu gehen und sich in der Liebe der Seele fallenzulassen. Es ist eine große Erleichterung, die ganzen Ängste, die jeder von uns in sich trägt, nicht mehr erleben zu müssen. Kommen Ängste wieder hoch, dann ist das immer ein Zeichen dafür, dass ihr die Verbindung zu eurer Seele wieder verloren habt oder sie schwächer geworden ist.

Ohne Ängste und Sorgen zu leben, ist ein entspannendes Gefühl. All die Last auf euren Schultern löst sich auf, die beklemmenden Emotionen in der Bauch- oder Herzgegend verschwinden plötzlich. Freude stellt sich ein. Ideen und Impulse haben nun einen neuen Raum erhalten, um sich zu zeigen.

Seid ihr wirklich in das absolute Loslassen und in die Hingabe an eure Seele gegangen, entsteht in euch Schwerelosigkeit. Gerade wenn ihr das Loslassen in einer intensiven Meditation erfahren habt, könnt ihr diese Schwerelosigkeit in euch genau spüren. Es ist so, als würdet ihr leicht über dem Boden schweben. Alles fühlt sich neu und ungewohnt an. Es ist ein Zustand, der Raum und Zeit außer Kraft setzt. Alles ist.

Ihr seid mit allem verbunden, mit allem Göttlichen, mit dem lichtvollen Universum. In diesem Zustand der Schwerelosigkeit ist alles möglich! Im alltäglichen Leben könnt ihr dieses Gefühl aufrechterhalten, indem ihr euch immer wieder beim Einatmen mit eurer Seele verbindet.

Deswegen ist das Loslassen so wichtig, damit die Energien in euch zum Fließen kommen.

Ihr werdet von eurer Seele getragen.

Seelenbewusstsein im Alltag

Wenn wir mit der eigenen Seele eins sind, ist es wichtig, diese Erkenntnis und dieses Gefühl im Alltag zu leben. Das kann zuweilen schwierig sein, weil oft viele Anforderungen von außen an uns herangetragen werden oder wir einfach auch viel zu tun haben. Bei vielen kommen noch Kinder und Familie hinzu, was es nicht unbedingt leichter macht, das Erkannte gleich umzusetzen. Aber es gibt kleine Tricks, wie wir die Verbindung zu unserer Seele dauerhaft halten oder sie kurzerhand wiederherstellen können, ist die bewusste Verbindung einmal verloren gegangen. Die Verbindung besteht ja nach wie vor, aber das bewusste Spüren der eigenen Seele rückt oft zu sehr in den Hintergrund.

Tipp für zwischendurch

Atmet in eure Seele. Stellt euch vor, wo sich in euch eure Seele befinden könnte, und atmet bewusst dort hinein. Die Seele hat ihren Platz meistens in der Höhe hinter dem Brustbein, im Herzbereich oder im Bereich des Solarplexus. Es ist also egal, wo ihr euch befindet, ihr könnt immer kurz in eure Seele atmen. Das kann an der Kasse im Supermarkt sein, beim Autofahren, wenn ihr zu Fuß zur Eisdiele geht oder eine Radtour macht. Ihr habt jederzeit die Möglichkeit, die Verbindung zu eurer Seele zu spüren. Gerade wenn ihr sie kurz vergessen und euch im Außen etwas abgelenkt hat, könnt ihr mit dieser Mini-Meditation eure Aufmerksamkeit sofort wieder auf eure Seele lenken. Einfach hineinatmen und kurz fallenlassen.

In komplizierten Situationen

Wenn ihr euch in einer emotionalen Diskussion befindet oder in ein Streitgespräch involviert seid, könnt ihr die ganze Situation in die Neutralität bringen, wenn ihr euch sofort auf eure Seele besinnt. Einfach in die Seele atmen und alles an sie abgeben, sich in ihr fallenlassen. Dieser Vorgang dauert höchstens drei bis fünf Sekunden, und schon könnt ihr mit dieser Umlenkung Frieden in die aktuelle Situation bringen. Vor allem könnt ihr dann ruhiger und neutraler eure Worte sprechen. Dennoch kann es vorkommen, dass man diese wundervolle Möglichkeit vergisst. Gut ist es, eine Erinnerung bei sich zu tragen, die immer daran erinnert, dass wir uns mit unserer Seele bewusst verbinden und so die Schwingung in einem Streit oder einer Diskussion verändern können. Automatisch wird unsere Energie angehoben und auch die Energie der Gruppe. Nicht immer zieht die Gruppe mit, und es ist auch nicht wichtig, ob sie die Möglichkeit der Schwingungserhöhung annimmt, aber für uns ist es wichtig, damit wir aus den alten Energien des Egos und der Emotionalität aussteigen können und uns auf die Schwingung unserer Seele begeben, wo nur Frieden, Freude und Liebe zu finden ist.

Gerade in der Neutralität und in der Liebe der Seele können wir wahre Worte sprechen. Ob das unseren Mitmenschen gefällt, sei dahingestellt, aber es geht darum, unsere Wahrhaftigkeit zu leben, und das können wir, wenn wir die Verbindung zu unserer Seele bewusst aufrechthalten, denn so kann unsere Seele durch uns wirken.

Übung in der Therme

Ich habe einmal in der Therme dieses Getragen-Werden ausprobiert, damals stellte ich mir vor, Jesus Christus trägt mich, aber ihr könnt euch auch vorstellen, dass das Wasser um euch herum eure Seelenenergie darstellt.

Klemmt euch eine Schwimmnudel unter die Arme und lasst euch treiben, am besten in der Nähe eines Strudels (bitte nicht im freien Wasser in der Natur ausprobieren). Lenkt euren Körper in den Strudel und lasst geschehen. Meistens wird man durch die Strömung in den Strudel hineingetrieben. Dann lasst euch tragen und vertraut darauf, dass ihr von eurer Seele durch den Strudel hindurchgeleitet werdet. Entspannt euch und lasst geschehen.

Bei mir hat es jedes Mal geklappt, ich bin durch den Strudel hindurch, hinaus ins ruhigere Wasser getrieben worden, ohne dass ich mich aktiv darum bemühen musste. Der Strudel ist wie ein aufwühlendes Ereignis oder eine problematische Situation in eurem Leben. Doch eure Seele trägt euch mit Leichtigkeit hindurch, Voraussetzung dafür ist euer Loslassen und die Hingabe und das Vertrauen in eure Seele. Sie kennt den Weg auch durch gefährliche oder schwierige Gewässer, sie weiß, wo es für euch lang geht, damit ihr gut durch die eine oder andere Situation kommt. Sie weiß es! Lasst sie machen, denn sie trägt euch immer!

Kleine Meditation für zwischendurch

Damit wir auch tagsüber mit unserer Seele verbunden bleiben, gibt es die Möglichkeit einer kleinen Meditation für zwischendurch. Diese könnt ihr beim Warten an der Kasse, beim Einkaufen oder bei einer anderen Tätigkeit des Alltags üben. Es geht darum, die Aufmerksamkeit wieder auf sich zu richten, um wieder bei sich zu sein.

Kleine Übung

Lenkt die Aufmerksamkeit auf euch und atmet ein. Stellt euch vor, wie ihr euch beim Einatmen mit eurer Seele verbindet. Beim Ausatmen lasst ihr euch in eure Seele fallen. Dieses Fallenlassen ist ein besonderes Gefühl, es zentriert euch sofort wieder auf euch selbst.

Konzentration auf die Seele richten – in sie einatmen – sich mit ihr verbinden – beim Ausatmen in die Seele fallen lassen.

Zwei- bis viermal reicht, um die Energien um sich herum wieder in eine höhere Schwingung zu bringen. Ihr seid dadurch ganz bei euch, auch wenn ihr euch unter Menschen befindet.

Ihr werdet bemerken, dass die Menschen euch danach anders begegnen, vielleicht grüßen sie euch, obwohl ihr sie gar nicht kennt. Es ist immer wieder interessant zu sehen, welche Wirkung sich im Außen zeigt, wenn man eins mit seiner Seele ist.

Noch einmal:
Konzentration auf die Seele richten – in sie einatmen –
sich mit ihr verbinden – beim Ausatmen in die Seele fal-
len lassen.

Freischaltung weiterer Lebensbereiche und Gefühle

Mit meiner neuen Methode ist es möglich, weitere Lebensbereiche freizuschalten, zum Beispiel:

- Partnerschaft,
- Herzensweg,
- Berufung/Beruf,
- zwischenmenschliche Beziehungen,
- Familienstrukturen,
- nicht-gelebte Freude,
- Reichtum.
- Gefühle wie Liebe, Vertrauen, Freude, um nur einige zu nennen, können anhand der eigenen freigesetzten Seelenenergie geöffnet und wieder ins Fließen gebracht werden.

Nachdem die Kraft der Seele freigeschaltet wurde, kann die Seelenenergie in die jeweiligen Bereiche einfließen. Ich empfange Bilder, wie der jeweilige Lebensbereich aussieht, und kann dann mit Hilfe der jeweiligen Seelenenergie Blockaden, Verletzungen oder Disharmonien so wandeln, dass sie in die göttliche Ordnung kommen. Oft verbergen sich hinter dem ersten Bild weitere Bereiche. Das können frühere Leben sein, Ereignisse aus dem jetzigen Leben oder sogar auf göttlicher Ebene, wo sich oft alte Verträge zeigen, die einst dort geschlossen wurden. Dabei spielen oft zwischenmenschliche Beziehungen eine große Rolle – Vater, Mutter, Geschwister oder auch Partner, Ehemann, Arbeitskollegen, Freunde kommen sehr oft in diesen Lebensbereichen vor.

Bis sich die tatsächliche Ursache für die Blockade zeigt, sehe ich in die jeweiligen Bereiche oder dahinter versteckte Bilder hinein. Es ist ein bisschen wie eine Detektivarbeit, während ich mich in einer Behandlung befinde. Die Suche geht so lange weiter, bis sich das erste Bild des zu behandelnden Bereichs durch die eigene Seelenenergie transformieren kann.

Da diese Arbeit sehr tiefgreifend ist – für mich, wie auch für den Patienten –, ist es nur möglich, einen Lebensbereich pro Behandlung freizuschalten. Zu einem Bereich, zum Beispiel Partnerschaft, kann auch die „Selbstliebe" oder der „Selbstwert" in der gleichen Behandlung beleuchtet werden, wenn sie mit dem Thema „Partnerschaft" zusammenhängt. Es können sich also noch andere Themen bei einem Bereich erschließen und auftun, die ich mit auflöse.

Die Behandlung erfolgt auf Seelenebene und, wenn nötig, auch auf göttlicher Ebene, was die größtmögliche heilende Wirkung auf den Menschen haben kann.

Ist die eigentliche Ursache für die Blockade in dem jeweiligen Bereich gelöst, ist sie für immer gelöst. Sie kann nicht wieder auftauchen, da sie auf Seelenebene gewandelt wurde.

Es kann natürlich vorkommen, dass ein Lebensbereich mehrere einzelne Themen beinhaltet, zum Beispiel das Thema Partnerschaft ist oft voll mit alten Glaubenssätzen und Mustern. Es können dann Muster auftauchen, die mehrere Behandlungstermine bedürfen.

Muster und Glaubenssätze können auftauchen, zum Beispiel:

- Bin ich gut genug für meinen Partner?
- Ängste, verlassen zu werden,
- Zweifel an der Liebe des Partners,
- ich bin nicht liebenswert,
- ich muss alles geben, um Liebe zu erhalten,
- ich muss dünn sein, um geliebt zu werden,
- mache ich alles richtig?

Das sind jetzt nur einige Glaubenssätze, die alle oder zum Teil im Bereich der Partnerschaft auftauchen können. Grund dafür ist, dass es nicht mit der Liebe klappt oder der- oder diejenige immer wieder an ähnliche Partner gelangt oder erst gar keinen findet.

Hinter all diesen Glaubenssätzen können sich auch Ereignisse und Entscheidungen aus der Kindheit oder früheren Partnerschaften befinden, das gilt es dann herauszufinden beziehungsweise das sehe ich dann während der Behandlung.

Es gibt also viel zu tun, aber die gute Nachricht ist, dass die Heilung oder Auflösung der Ursachen relativ schnell vonstattengeht. Mit der Behandlung auf Seelenebene kann man alles behandeln, was man möchte.

- Aktuelle Themen,
- aufkommende Gefühle,
- Ängste,
- Situationen,
- Beziehungen,
- alte Muster,
- Emotionen,
- Traumata,
- Blockaden aus früheren Leben,
- Blockaden bei Finanzen,
- Misserfolg im Beruf,
- alte Verträge lösen,
- blockierte Wandlung,
- blockierte Bewegung und Flexibilität.
- Warum kann ich meine Berufung nicht leben?
- Minderer Selbstwert,
- schwaches Selbstbewusstsein,
- keine Durchsetzungskraft,
- Heilung und Wandlung der Partnerschaft,
- Suche nach dem richtigen Partner/Single-Dasein, was blockiert mich noch?
- Blockierte Selbstliebe,
- seelische Verletzungen, Traumata,
- Mobbing,
- blockierte Wünsche freischalten.

Es gibt noch besondere Bereiche, die freigeschaltet werden können, gerade im spirituellen Bereich:

- Freischaltung des eigenen Potenzials,
- Freischaltung der spirituellen Fähigkeiten,
- Reichtum im Leben freischalten,
- Freischaltung des eigenen Herzenswegs,
- Freischaltung der eigenen Wahrhaftigkeit,
- Freischaltung der Kraft der Seele für ein friedliches Zusammenleben,
- Freischaltung der Selbstliebe,
- Ausgleich der inneren Elemente,
- die Kraft der Seele für das Christuslicht freischalten,
- Freischaltung des Reichtums,
- Freischaltung der Annahme und das Empfangen von göttlichen und irdischen Geschenken,
- Freischaltung der Energie der Wandlung in uns,
- Freischaltung der Energie der Bewegung und Flexibilität.

Es ist eine tiefgreifende und schnelle Arbeit, die uns in unserer Heilung und Transformation unterstützt und unser Leben leichter und lebenswerter macht.

Beispiele von Themen, die gewandelt werden können

Abnehmen

Die Unzufriedenheit mit der eigenen Figur ist weit verbreitet. Die meisten Frauen und auch zunehmend Männer sind nicht im Einklang mit ihrem Aussehen, was den eigenen Körper betrifft. Zum Glück wandelt sich auch dieser Bereich in der Modewelt, und immer mehr Frauen mit Fülle nehmen sich nun selbst an, werden von der Gesellschaft anerkannt und sind erfolgreich.

Ziel wäre es natürlich, das Körpergewicht für sich zu finden, das dem Wohlgefühl der Seele entspricht. Das kann zuweilen auch das Gewicht sein, was das Ego sich nicht unbedingt wünscht. Aber es gilt zu vertrauen, was die Seele wirklich möchte, aufs Essen bezogen.

Die Seele ist eng mit dem Körper verbunden, beide sollten eins miteinander sein. Sind Körper und Seele eins, dann stellt sich eine besondere Energie in uns ein, wir essen wirklich nur das, was unser Körper und unsere Seele mögen und, vor allem, brauchen. Viele Menschen hören beim Essen nur auf ihr Ego. Essen steht bei vielen für Befriedigung, Ersatz für Liebe und Anerkennung, Ausgleich von Mangel und vieles mehr. Die Liste ist unendlich lang, und jeder hat einen individuellen Ansatz, mehr zu essen und, vor allem, das zu essen, was das Ego möchte. Sind Seele und Körper vereint und ist die Seele freigeschaltet, verändert sich das Essverhalten von ganz allein. Warum ist das so? Sind alle Zellen mit Seelenenergie gefüllt, dann gibt es keinen Mangel, keine Sehnsucht nach Liebe, keinen Ersatz, den man für die Liebe finden muss. Die Zellen sind bereits mit Seelenenergien, mit der göttlichen Energie, mit Freude, mit Liebe und vielem mehr angereichert – mit allem, was die Seele in sich trägt.

Ich habe es selbst ausprobiert. Wenn ich die Übung täglich durchführe, also in meine Seele atme, alles loslasse, mich in sie fallen lasse und vertraue und dann meinen Körper nach und nach mit meiner Seelenenergie fülle, fühle ich mich erfüllt von Liebe und Freude. Langsam stellt sich ein neues Gefühl in mir ein. Ich habe normal Hunger und keinen Appetit mehr auf Dinge, die mir nicht guttun. Es besteht kein Verlangen mehr danach, irgendetwas kompensieren oder befriedigen zu müssen.

Die Übung **muss** sehr oft gemacht werden, am besten zweimal täglich, um einen dauerhaften Effekt zu erzielen. Natürlich stehen auch hinter den kleinsten Süchten bestimmte Muster, die man mit der Behandlung auf Seelenebene auflösen kann. Bei dem Thema „Abnehmen beziehungsweise Unzufriedenheit mit dem eigenen Körper" bedarf es meistens mehr als einer Behandlung, weil es oft ein tiefgreifendes und schon länger währendes Thema im Leben des Patienten ist. Es geht also darum, die Körperform und das Körpergewicht zu finden, die eins sind mit unserer Seele, und alle Blockaden und Muster zu lösen, die den Weg dorthin versperren.

Bei wirklich ernsthaften Essstörungen, wie zum Beispiel Fressanfällen (Binge Eating) oder Magersucht, handelt es sich um ernstzunehmende Krankheiten. Viele Muster, Traumata und Verletzungen haben zu dieser Krankheit geführt. Es sind Süchte, die auch oft schon eigene Elementale neben sich erschaffen haben, die die Krankheit von außen her immer wieder beleben und aktivieren. Es ist ebenso wichtig, zu den Behandlungen auf Seelenebene begleitend einen Arzt aufzusuchen, um diesen Weg von der schulmedizinischen Seite her zu begleiten.

**Unsere Seele weiß, welche Körperform
und welches Körpergewicht eins mit ihr sind.**

Anerkennung

Anerkennung ist ein großer Bereich in unserem Leben. Stetig sind wir auf der Suche nach Anerkennung. Wo bekommen wir sie, von wem erhalten wir sie, und wie können wir an sie gelangen? Unbewusst oder vielleicht schon bewusst, verhalten wir uns gegenüber unseren Mitmenschen in einer besonderen Weise, um Anerkennung zu erhaschen.

Die scheinbare Anerkennung gibt es für

- ein teures Auto,
- ein eigenes Haus mit Garten,
- ein Ferienhaus,
- einen erfolgreichen Job,
- eine Familie, am besten zwei oder mehr Kinder, ein Haus mit Garten und zwei Autos vor der Tür,
- ehrenamtliche Arbeit,
- ein Miteinander in der Arbeit oder in der Familie.
- Liebe,
- ehrenamtliche Hilfe,
- tolle Kleidung,
- einen idealen Körper, am besten schlank und knackig,
- Schönheit,
- Wissen,
- Intelligenz,
- teure Reisen, am besten in die Ferne,
- gelebten Luxus,

- zwei oder mehr Reisen im Jahr,
- außergewöhnliche Geburtstags- und Weihnachtsgeschenke,
- tolle und intelligente Kinder,
- erfolgreiche Kinder in der Schule,
- erfolgreiche Kinder in ihren Hobbys wie Fußball, Ballett oder Klavier,
- besondere spirituelle Erfahrungen,
- spirituelle Fähigkeiten,
- Hellsichtigkeit und Ähnliches, was in diese Richtung geht,
- einen Partner, der etwas darstellt,

und vieles mehr.

All diese Anerkennung benötigen wir nicht mehr, wenn wir eins werden mit unserer Seele, denn wir tragen das Wichtigste in uns: unsere Seele. Mehr brauchen wir für unser Leben nicht, nur die Kraft unserer Seele. Sie gibt uns die Anerkennung, nach der wir uns so sehnen.

Diese Erkenntnis befreit uns von allen Statussymbolen oder „Must Haves" in der Gesellschaft. Es ist wie eine Befreiung, bedeutet aber auch stetige Arbeit an uns selbst, nämlich die Verbindung zu unserer Seele aufrechtzuerhalten, um nicht mehr in dieses alte Muster der Anerkennung zu fallen.

Unsere Seele erkennt uns jederzeit an, und zwar so, wie wir wirklich sind. Haben wir das erkannt, benötigen wir keine Anerkennung mehr von unseren Mitmenschen und der Gesellschaft.

Natürlich kann man sich ein teures Auto kaufen, aber nicht, um damit etwas darstellen zu wollen, sondern weil man dieses Auto einfach liebt und es schön findet.

Erfolg in der Berufung

Ist die Kraft der Seele freigeschaltet, kann die Seelenenergie in jeden Bereich, in jedes Thema, in jedes Muster, in jede Angst und alles andere einfließen. Blockaden werden gelöst, und der Lebensbereich wird mit der Seelenenergie energetisiert. Er beginnt zu fließen.

Alles geschieht nun, was im Einklang mit der Seele ist. Unsere Seele ist das Mächtigste, das Schönste, das Kraftvollste und das Liebevollste, das wir in uns tragen. Im Einklang mit unserer Seele können wir den Weg gehen, der für uns bestimmt ist. Wir können unsere Berufung finden und leben. Mit unserer Seelenenergie können wir erkennen, wo unsere Begabung liegt und welche Berufung wir haben.

Im Einklang mit unserer Seele in unserer Berufung können wir **mehr Erfolg und Freude** erlangen.

Viele folgen bereits ihrer Berufung, aber es will nicht so recht fließen. Klienten, Patienten oder Gäste bleiben aus. Oder die Arbeit wird nicht gesehen oder anerkannt. Kollegen sind uns nicht wohlgesonnen. Vielleicht besteht eine Spannung zum Chef, und man fühlt sich fehl am Platz. Warum ist das so?

Es gibt dafür mehrere Gründe. Der Lebensbereich Beruf/Berufung kann blockiert sein

- durch eigene Ängste,
- durch Fremdenergien,

- durch disharmonische Familienstrukturen,
- durch alte Verträge, die einst geschlossen wurden,
- durch Verstrickungen und Verknüpfungen mit unseren Mitmenschen,
- durch fehlende Selbstliebe,
- durch fehlenden Selbstwert,
- durch Zweifel,
- durch Entscheidungen, die in diesem oder früheren Leben getroffen wurden,
- durch die falsche Wahl des Berufes,
- das Innere Kind ist einsam und vernachlässigt worden

und vieles mehr.

All das könnt ihr mit der Seelenatmung und mit der Freischaltung der Kraft der Seele transformieren in

- Liebe,
- Erfolg,
- Freude,
- Wohlstand,
- Freiheit,
- Leichtigkeit,
- Lachen,
- Mitgefühl,
- Im Jetzt sein,
- Sorglosigkeit und Unbekümmertheit,
- Gesundheit.

Warum nicht diese Möglichkeit nutzen, um das Leben leichter zu leben und zu genießen?

Ich selbst habe diese Erfahrung gemacht, und seitdem ich mich regelmäßig meiner Seele hingebe und ihr vertraue, hat sich mein Leben verändert. Es ist viel leichter geworden. Viele von euch werden sich jetzt bestimmt angesprochen fühlen, da sie selbst um die Schwere des Lebens in dieser besonderen Zeit auf Erden wissen. Diese verschwindet aber, wenn ihr euch mit eurer Seele verbindet und euch ihr hingebt.

Innerer Mangel

Innerer Mangel ist ein Bereich in uns, der nicht mit Seelenenergie gefüllt ist. Viele tragen einen inneren Mangel in sich, und dieser kann jeden Bereich des Lebens betreffen, zum Beispiel

- Mangel an Liebe,
- Mangel an Reichtum,
- Mangel an Selbstwert,
- Mangel an Anerkennung,
- Mangel an Aufmerksamkeit sich selbst gegenüber,
- Mangel an Aufmerksamkeit anderen gegenüber,
- Mangel, sich selbst zu reflektieren,
- Mangel an Freude,
- Mangel an Geborgenheit,
- Mangel an Vertrauen

und vieles mehr.

Mangel kann durch schlimme Vorkommnisse im Leben entstehen: Liebesentzug in der Kindheit oder der Partnerschaft, Missbrauch, Mobbing oder andere Geschehnisse, die einen bleibenden Eindruck hinterlassen haben.

Auf energetischer Ebene schaut der innere Mangel wie ein Hohlraum aus, der entweder in sich abgeschlossen oder offen ist. Offen ist er, wenn er von außen mit fremder Energie gefüllt wird. Geschlossen ist er, wenn er unterdrückt wird, wie ein Raum, der sich unter der Erde befindet.

Sich Energie von außen von anderen Menschen zu holen, um den inneren Mangel zu füllen, ist auf Dauer kein Zustand, denn der Betroffene muss immer wieder schauen, woher er seine Energie bekommt. Das ist dann in speziellem Verhalten zu erkennen, wie zum Beispiel die Erwartung oder Forderung anderen gegenüber. Mangel ist keine gute Basis für Beziehungen aller Art, auch nicht für die Beziehung zu sich selbst. Wichtig ist herauszufinden, warum dieser Mangel besteht, um die Ursache dafür zu finden und dann zu heilen. Der Bereich des Mangels kann mit der Seelenenergie aufgefüllt werden, damit das Gefühl des Mangels langsam abnimmt. Ist die Ursache gelöst, wandelt sich Mangel in Fülle.

Ziel ist es, uns selbst Liebe, Anerkennung und Aufmerksamkeit geben zu können, damit wir nicht mehr im Mangel leben und so keine Situationen mehr in unser Leben ziehen, die aus dem inneren Mangel entstanden sind.

Kinderwunsch

Der Wunsch nach eigenen Kindern ist bei fast allen Frauen da, aber manchmal will dieser Wunsch nicht in Erfüllung gehen, auch wenn er aus tiefstem Herzen entspringt.

Das kann mehrere Gründe haben, nachstehend einige Beispiele:

* Der Zeitpunkt für die Inkarnation der neuen Seele ist nicht der richtige,
* es ist für dieses Leben nicht vorgesehen, Vater oder Mutter zu werden,
* alte Familienenergien blockieren die Empfängnis,
* die Energien unter den Partnern und zukünftigen Eltern ist nicht stimmig,
* die Seele fühlt sich nicht willkommen,
* Ängste und Zweifel, ob es auch wirklich der richtige Weg ist für die Mutter oder den Vater,
* Verschleierung der wahren Wünsche,
* alte Muster und Pflichten beherrschen das Leben der Eltern,
* alte oder auch neue energetische Verletzungen im Bereich der weiblichen oder männlichen Geschlechtsorgane,
* seelische Verletzungen,
* Entscheidungen aus Kindertagen oder aus früheren Partnerschaften,

- ein Partner will keine oder keine weiteren Kinder,
- vorherige Abtreibung(-en), Schuldenergien.

Bei einer Behandlung auf Seelenebene kann ich genau in diesen Bereich hineinsehen, was der Grund ist, warum der Kinderwunsch unerfüllt bleibt. Die freigeschaltete Seelenenergie lasse ich dann in die Ursache einfließen, um sie zu lösen. Es kann auch sein, dass sich mehrere Themen hinter einem unerfüllten Kinderwunsch verbergen, diese können alle ebenso freigeschalten werden, sodass der Weg der Seele auf Erden offen ist.

Es kann dennoch sein, dass noch andere Therapien auf anderer Ebene, zum Beispiel Familienaufstellung oder auch ein medizinischer Eingriff, nötig sind, um die Eltern näher an die Möglichkeit eines Kindes zu bringen. Der ganzheitliche Blick ist dabei sehr wichtig sowie die Ehrlichkeit sich selbst gegenüber.

Partnersuche

Viele Menschen leben derzeit nicht in einer Partnerschaft, obwohl sie sich so sehr wünschen, zu zweit zu leben. Es gibt viele Gründe, warum es einfach nicht klappt, den richtigen Partner fürs Leben zu finden.

Diese können unter anderem sein:

- schlechte Erfahrungen mit vorherigen Partnern,
- es wird immer derselbe Typ Mann/Frau angezogen,
- Missbrauch,
- Traumata aus der Kindheit,
- Beziehung zum Vater,
- das Vorleben der Ehe der Eltern,
- Pflichtbewusstsein,
- Pflichtrolle in der Gesellschaft,
- geringer Selbstwert,
- wenig Selbstbewusstsein,
- Suche nach Geborgenheit,
- Suche nach Sicherheit,
- sich alleine und verloren fühlen,
- nicht alleine leben können.

Natürlich gibt es noch mehr Muster, die manche Menschen davon abhalten, den Partner fürs Leben zu finden, diese sind unendlich und individuell. Mit der freigeschalteten Seelenenergie können alle diese Muster aufgelöst werden, sodass der Weg frei wird, um den richtigen Partner zu finden. Wobei es nicht den richtigen oder falschen Partner gibt, denn jeder Partner, den wir in unser Leben gezogen haben und ziehen werden, gibt uns die Möglichkeit zu erkennen, was in uns noch gewandelt und geheilt werden möchte.

Viele haben eine Mauer um ihr Herz gebaut, damit es nicht mehr durch andere verletzt wird. Der Bereich Partnersuche ist ein sehr breites und tiefgehendes Thema.

Sind alle Muster aufgelöst, jeder Mangel gewandelt und die Wunden geheilt, die eine Partnerschaft verhindern, kann man sich ganz auf die eigene Seele verlassen. Sie kennt uns am besten und weiß, wer zu uns passt, mit wem wir glücklich werden und, vor allem, wann der richtige Zeitpunkt ist, den Partner fürs Leben kennenzulernen. Vertrauen ist wichtig, denn oft geschehen noch Wandlungen und sogar Wunder, die wichtig sind, damit die Seelen sich finden können, um gemeinsam den Weg auf Erden zu gehen.

Unsere Seele kennt den richtigen Zeitpunkt,
den passenden Partner zu treffen.
Vertraut ihr.

Reichtum

Vielleicht denken einige von euch jetzt: Was hat denn Reichtum mit der Seele zu tun? Sehr viel, denn unsere Seele ist das Wertvollste, was wir in unserem Leben haben. Unsere Seele ist wahrer Reichtum! Verbinden wir uns mit ihrer wertvollen Energie, dann strahlen wir auch diesen einzigartigen Reichtum aus.

Reichtum ist eng mit dem eigenen Selbstwert verbunden. Viele fühlen sich nicht wert, Reichtum zu empfangen und in Reichtum zu leben. Wenn wir die Kraft unserer Seele dazu nutzen, Reichtum in unser Leben zu ziehen, dann sollten wir das alle tun, oder? Jeder hat das Recht auf Reichtum, und jeder auf Erden hat Reichtum verdient. Das sollte uns klar sein, und wir sollten es auch so leben.

**Werden wir eins mit unserer Seele und lassen
ihren Reichtum in unser Leben fließen,
erhalten wir auch Reichtum auf Erdenebene.**

Selbstwert

Selbstwert ist ein großes Thema bei vielen, wenn nicht bei fast allen Menschen auf Erden. Gäbe es den Mangel am eigenen Wert nicht, gäbe es wahrscheinlich keine Kriege auf dieser Welt.

Mit der Freischaltung der Kraft der Seele wird auch eine Kraft freigeschaltet, die unseren Selbstwert stärkt. Durch die regelmäßige Übung, sich mit der eigenen Seele zu verbinden, verändert sich der eigene Status, manchmal auch unbewusst. Dieser Prozess ist schleichend im positiven Sinn, doch mit der Zeit gewinnt ihr immer mehr Sicherheit, was euer Selbst angeht, wie ihr in der Gesellschaft oder auch in einer netten Runde dasteht. Vergleicht euch mal nach einiger Zeit, wie ihr euch fühlt, wie ihr euch gebt, wenn ihr euch unter Menschen, bei einem Abendessen oder Meeting befindet.

Wenn ihr euch mit eurer Seele verbindet und eins mit ihr werdet, dann steht ihr zu euch. Ihr steht hinter euch, wie man so schön sagt. Viele haben immer noch das Bedürfnis, gerade wenn es um Spiritualität geht, sich anderen erklären, sie vielleicht sogar überzeugen zu müssen von ihrer neuen Lebens- und Denkweise, oder sie müssen sich für etwas rechtfertigen, was sie gesagt oder getan haben.

All das sind Zeichen dafür, dass ihr nicht hinter euch steht. Wenn ihr wirklich hinter euch stehen würdet, würden diese Situationen nicht mehr auftauchen. Ich selbst kenne das von früher. Bei Einladungen saß ich oft neben sehr rationalen Menschen wie Physikern oder Atheisten, und ich ließ mich immer in Gespräche verwickeln, meine Sichtweise darzulegen. Ich ging dann in die Energie der Rechtfertigung und auch des Überzeugen-Wollens, eben weil ich noch nicht zu 100 Prozent hinter mir stand. Ich wollte mich selbst davon überzeugen, dass es für mich stimmt. Ich befand mich im Mangel meines Selbstwerts, und das schneller, als ich denken konnte.

Wenn wir uns mit unserer Seele regelmäßig verbinden, dann haben wir nicht mehr das Gefühl, uns rechtfertigen oder erklären zu müssen. Wir stehen zu uns.

Es gibt aber auch noch andere Bereiche, in denen unser Selbstwert oft gemindert ist, zum Beispiel die eigene Figur, das Aussehen, Partnerschaft oder Beruf, Verdienst und Erfolg. Kann jemand Kinder bekommen oder nicht.

Das Thema Selbstwert kann in jedem Bereich auftauchen. Wenn wir die Kraft unserer Seele für uns nutzen und eins mit ihr werden, dann verblassen bestimmte Themen mit der Zeit von ganz allein. Wir fangen an, unseren Körper anzunehmen, wie er ist. Wir beginnen plötzlich, bei Menschen Grenzen zu ziehen, die sie bisher übertreten haben. Wir sehen zwischenmenschliche Beziehungen von einer anderen Warte aus und lassen uns nicht mehr in Konflikte involvieren. Das Thema des eigenen Selbstwerts ist kaum zu erfassen, so stark spielt der Selbstwert eine Rolle in unserem Leben und auch in der Gesellschaft.

Lassen wir diesen Mangel los und füllen ihn mit unserer Seelenenergie auf, dann stärken wir unseren Selbstwert. Natürlich gibt es noch andere Methoden, um bestimmte

Situationen, Muster und Gefühle zu transformieren, aber das Eins-Sein mit der Seele ist die Basis für alles, auch für einen starken Selbstwert. Von dieser Basis aus werden Situationen und Probleme oft so verändert, dass es keine Probleme mehr sind, jedenfalls nicht in der Schwere wie vorher.

Wir sind im Mangel, wenn wir unbedingt etwas sagen, etwas darlegen, etwas mitteilen wollen, was eigentlich niemanden interessiert.

Mit der Verbindung zur eigenen Seele gehen wir oft in die Beobachterrolle, weil wir nicht mehr in alle Situationen unseres Lebens voll reingehen.

Die Muster, auch die des geringen Selbstwerts, werden nach und nach aufgelöst, wenn wir eins mit unserer Seele sind. Es ist ein langwieriger Prozess, den es sich aber lohnt, zu gehen.

Geht einmal in euch und beobachtet euch in der nächsten Zeit. Wo fühlt ihr euch nicht geachtet, nicht gesehen, nicht gehört, nicht verstanden? Wo hegt ihr negative Gedanken, zum Beispiel: Ich bin zu dick, ich bin nicht schön, keiner mag mich? Wo denkt ihr: Ich habe kein Geld, keinen Erfolg, warum gelingt mir das nicht und vieles anderes mehr? Geht bewusst mit euch durch die nächsten Tage und findet heraus, wo ihr einen minderen Selbstwert in euch fühlt und diesen Mangel stärkt.

Sich der eigenen Seele hinzugeben ist ein so wundervolles Gefühl, weil man nichts mehr beweisen muss, man
muss nicht mehr dazugehören, man muss nicht mithalten
können und vieles mehr, was heute leider in der Gesellschaft normal geworden ist. Wir sind dann frei! Frei mit
unserer Seele!

**Habt den Mut, eurer Seele zu folgen,
so werdet ihr wahrhaftig!**

Spirituelle Fähigkeiten

Je mehr wir unser wahrhaftes Sein leben, desto mehr kommen unsere spirituellen Fähigkeiten zum Tragen. Öffnen wir uns unserer Seele, wirken unsere Fähigkeiten automatisch. Vieles, was uns nicht bewusst ist, wirkt auf energetischer Ebene. Das können Fähigkeiten sein, die unsere Mitmenschen betreffen, oder auch die Tiere, die Umwelt, die Erde oder den Kosmos. Jeder Mensch hat individuelle Fähigkeiten, die wichtig sind für den Aufstieg der Erde und die Heilung der Menschen. Wenn alle Menschen ihre Fähigkeiten frei fließen lassen könnten und sie auch noch bewusst wahrnehmen würden, dann würden die Fähigkeiten aller ineinandergreifen und ein harmonisches Energienetz des Friedens bilden. Ein wunderschönes Bild.

Doch wenn der Bereich der spirituellen Fähigkeiten blockiert ist, agieren wir nur nach unseren Mustern, die wir von anderen übernommen oder sogar selbst erschaffen haben.

Mit der jeweiligen Seelenenergie können die spirituellen Fähigkeiten eines jeden so weit freigeschaltet werden, dass sie beginnen zu wirken und vollkommen in ihre Kraft zu gehen, um endlich ihre Aufgabe zu erfüllen.

Es gibt verschiedene Ursachen, warum dieser Bereich blockiert ist, das können Ängste vor der eigenen Macht sein, vergangene Erfahrungen aus diesem oder früheren Leben, die uns zurückhalten, in unsere spirituelle Kraft zu gehen, es können Zweifel an sich selbst sein, die unseren Wert und auch unsere Sicht auf unseren wahren Schatz in uns mindern. Auch gewohnte und alte Familienstrukturen können uns daran hindern, unsere Fähigkeiten frei fließen zu lassen. Das sind nur einige Beispiele, aber es gibt so viele unterschiedliche Ursachen, wie es individuelle Seelenenergien gibt. Mit der freigeschalteten Kraft der reinen Seelenenergie können alle Hirdernisse und Blockaden aufgelöst werden.

Wie viele Behandlungen dazu nötig sind, weiß ich nie im Voraus, weil ich erst während der Behandlung sehen kann, was sich noch hinter der Blockade verbirgt, ob vielleicht noch andere Themen sichtbar werden, die zu behandeln sind. Es kann aber auch nur eine Behandlung nötig sein, um die spirituellen Fähigkeiten freizuschalten. Es lohnt sich auf alle Fälle, immer näher an das Potenzial der Seele zu gelangen, um die wahre Aufgabe, für die wir auf Erden gekommen sind, zu erfüllen.

Zwischenmenschliche Konflikte lösen

Mit der Behandlung auf Seelenebene kann man sehr gut zwischenmenschliche Konflikte lösen. Das können Konflikte in vielen Bereichen oder zu verschiedenen Menschen sein, zum Beispiel:

- In der Partnerschaft,
- unter Geschwistern,
- unter Kollegen,
- zu den Eltern,
- zu den eigenen Kindern,
- mit der Chefin/dem Chef,
- mit Ämtern,
- mit der Freundin/dem Freund,
- mit Lehrern oder Dozenten.

Also mit allen, mit denen wir in unserem Leben zu tun haben und wo die Liebe und Seelenenergie nicht fließen können. In den meisten Fällen geht es immer um ein unausgeglichenes Energieverhältnis, das auf Seelenebene wunderbar zu lösen ist. Viele zwischenmenschliche Konflikte basieren auf Geschehnissen aus früheren Leben. Sind die Blockaden gelöst und das Gleichgewicht der Energien wiederhergestellt, löst sich auch die Spannung auf Seelenebene und dann auf Erdenebene. Ich stelle die betroffenen Personen dann in einem neutralen Raum auf und schaue, was passiert. Oft zeigt sich dann schon, wer wen angreift oder wer noch eine Schuld gegenüber jemandem verspürt, wer gedemütigt wird, weil der andere sich betrogen fühlt, und vieles mehr. Dieser Bereich der zwischenmenschlichen Beziehungen und die Ursachen dafür sind so vielschichtig und unterschiedlich, dass ich sie hier nicht alle aufzählen kann. Bei jeder Behandlung sehe ich ein neues Bild, eine neue Ursache, eine neue Blockade, so, wie auch der Mensch einzigartig ist.

Ich habe schon oft erlebt, dass mir Patienten nach der Behandlung berichteten, dass die Chefin plötzlich so nett, das komische Gefühl einem Kollegen gegenüber verschwunden oder der Partner wieder zugänglicher war.

Oft haben Konflikte auch mit disharmonischen Familienstrukturen zu tun. Auch in diesem Bereich kann ich mit der Behandlung auf Seelenebene die Heilung unterstützen.

Ich schalte sozusagen der Bereich frei, in der dieser Konflikt herrscht, damit die Seelenenergie dort frei einfließen kann, um alles in die göttl che Ordnung und den göttlichen Ursprung zu bringen.

Da die Gesellschaft viel aus Konflikten besteht, kann mit dieser Methode Harmonie und Frieden wenigstens bei einigen wieder einkehren, die bereit dazu sind, den Weg der Heilung, der Erkenntnis und des Friedens zu gehen.

Auffrischen und Reinigung

Nach einer ersten Freischaltung der Kraft der Seele ist es wichtig, dass nach drei bis fünf Wochen eine erneute Auffrischung stattfindet, da sich im Alltag schnell neue Energien auf der Seele lagern können. Das müssen keine schwerwiegenden Energien sein, aber sie halten dennoch die Seelenenergie davon ab, frei zu fließen. Situationen, die uns wieder in alte Muster und Handlungsweisen werfen, Verletzungen von Mitmenschen oder andere Erfahrungen können die Ursache für erneute Ablagerungen sein. Oft bemerkt man gar nicht, dass man sich wieder im alten Fahrwasser befindet. Vielleicht kommt eine kleine Ahnung oder ein Gefühl auf, dass das Leben nicht mehr so fließt wie kurz nach der Freischaltung.

Auch Ängste gehören zu den Energien, die die Seele erneut blockieren können. Die Auffrischung beziehungsweise Reinigung dauert in der Behandlung nicht so lange wie eine Freischaltung, oft sind es nur Ablagerungen, die leicht zu entfernen sind. Wer schon geübter ist mit der Seelenatmung und mit der Hingabe an seine Seele, kann diese Reinigung auch selbst durchführen. Mit der Zeit, wenn die Kraft der Seele immer stärker nach außen fließt, legen sich auch nicht mehr so viele oder sogar gar keine Energien mehr um die Seele.

Aus Erfahrung wäre es gut, alle drei bis fünf Wochen einmal nachzusehen, ob die Seele noch frei fließt, um dann gegebenenfalls die Ablagerungen zu lösen.

Krankheit und Seele

Der optimale Zustand von Körper und Seele ist das Eins-Sein von beiden. Füllt die Seelenenergie den Körper, wandelt die Seele alle dunklen Bereiche, zum Beispiel defekte und kranke Zellen, in Licht. Die Körperzellen sind dann mit Seelenenergien gefüllt. Das wäre das Optimum, das es zu erreichen gilt, wenn jemand den Weg der Seele und des Eins-Seins mit der eigenen Wahrhaftigkeit gehen möchte. Viele Menschen sind jedoch aus verschiedenen Gründen nicht bereit dazu. Jeder hat die freie Wahl, ob er den Weg der Seele gehen möchte oder nicht.

Bei einer Krankheit sind bestimmte oder alle Körperzellen nicht mehr mit Seelenenergie gefüllt, aber es kommt noch schlimmer. Befindet sich der Körper im Prozess einer schweren Krankheit, löst sich nach und nach die Seele vom Körper ab, sodass zwei Organismen entstehen, die unabhängig voneinander leben. Die Seele zieht sich dann immer weiter zurück, bis sie den Körper ganz verlässt. Man kann sich das so vorstellen: Gibt man einen Tropfen Öl ins Wasser, dann verbindet er sich nicht mit dem Wasser, so, wie die Fettaugen auf einer Suppe. Die Suppe stellt den Körper da und das Fettauge die Seele. Das ist jetzt ein sehr profanes Beispiel, aber so ähnlich verhält es sich mit der Seelenenergie bei einer schweren Krankheit im Körper. Die Seele hat keine Verbindung mehr zum Körper. Der Körper wird von der Seele nicht mehr genährt, was bedeutet, dass der Körper immer mehr an Energie verliert.

Bevor sich die Seelenessenz aber vom Körper selbst lösen kann, muss bereits eine Entscheidung vom Menschen getroffen worden sein. Meistens ist dieser Entschluss auf unbewusster Ebene gefasst worden. Es geht um die Entscheidung, die Erde zu verlassen, um ins Licht zu gehen.

In der heutigen Zeit werden viele Menschen sehr schwer krank, auch weil sie keine Zeit oder Lust mehr haben, vor der eintretenden Krankheit zu erkennen, was in ihrem Leben nicht mehr stimmig ist und die Ursachen für ihre alten Muster näher anzusehen, um sie dann aufzulösen.

Hetze und Stress sind oft Auslöser für plötzliche Einschnitte im Leben, die den Körper betreffen. Herzinfarkt, unerklärliche Lähmungen, Burn-out, Hörsturz, Krebserkrankungen und vieles mehr. Die Inhaltsangabe der Krankheiten ist unendlich. Wenn die Menschen sich mehr Zeit geben würden, um einfach Stille in ihrem Leben einkehren zu lassen und sich in dieser Zeit ihrer Seele zu widmen, würden viele Krankheiten erst gar nicht auftauchen. Es stehen immer seelische Ursachen und Muster hinter einer Krankheit, auch wenn es heißt, sie sind genbedingt. Bei vererbten Krankheiten müsste man sich die Familienstrukturen und die dazugehörige Familiengeschichte der vorherigen Generationen ansehen. Warum trägt ein Kind diese Energien weiter, die zu seiner Krankheit geführt haben? Auch sind bestimmte Verhaltensweisen, die für bestimmte Krankheiten stehen, von den Eltern übertragbar. Kinder übernehmen fast alles von ihren Eltern, auch das Verhalten, die Muster und Gedankenstrukturen.

**Viele Menschen wissen nicht einmal,
dass eine Seele in ihnen existiert.
Andere wissen es, aber glauben nicht daran.
Wieder andere glauben daran,
aber vergessen es einfach.**

Die Seele ist das Wichtigste in unserem Leben, ohne sie sind wir nicht lebensfähig. Es gibt auch seelenlose Menschen, aber darauf möchte ich nicht näher eingehen. Die Energien sind zu verstörend.

Je mehr wir uns unserer Seele widmen und uns auf sie konzentrieren, desto mehr ist sie mit unserem Körper verbunden. Körper und Seele bilden ein Zusammenspiel. Stimmt etwas nicht auf Seelenebene, reagiert der Körper darauf. Es gibt mehrere Warnschüsse im Leben, auf die wir eingehen können. Viele Beschwerden werden anhand von Medikamenten scheinbar geheilt, aber das Verhalten und darin enthaltende alte Muster, die diese Beschwerde hervorgerufen haben, werden nur weggedrückt.

Die Seele ist der Ursprung von allem. Handeln wir nicht in ihrem Sinn, dann ist es für sie nicht stimmig. Da wir einen Seelenplan auf Erden haben, erhalten wir viele Möglichkeiten, eben diesen Plan zu erfüllen. Es tauchen immer wieder Situationen im Leben auf, die uns darauf aufmerksam machen möchten, einmal in uns zu gehen, um zu fühlen, was nicht richtig läuft, was nicht stimmig mit unserer Seele ist. Alte Verhaltensweisen, zum Beispiel negative Gedanken, sind nicht im Einklang mit unserer Seele. Seelische Verletzungen beeinflussen ebenfalls unser Leben und das

Zusammenspiel von Seele und Körper. Sind die seelischen Verletzungen zu heftig, kann es auch sein, dass die Seele spontan den Körper verlässt.

Es gibt also viele Ursachen, warum die Seele sich irgendwann vom Körper getrennt hat.

Krankheiten und körperlichen Beschwerden, sei es auch nur eine Erkältung, sind Hinweise darauf, dass etwas in uns nicht stimmig ist. Körper, Geist und Seele sind dann nicht im Einklang. Warum haben wir die Erkältung bekommen? Wenn wir in unserer Mitte gewesen wären, hätten wir uns erst gar nicht angesteckt. Also, was hat uns aus der Mitte gebracht? So ähnlich kann man vorgehen, um die seelische Ursache, in dem Fall für die Erkältung, herauszufinden.

Seid euch bewusst,
dass ihr immer das größte Werkzeug der Heilung
in euren Händen haltet: eure Seele!

Nehmt die Chance wahr, die euch eure Seele bei jeder körperlichen und seelischen Beschwerde oder Krankheit gibt, nämlich herauszufinden, warum Körper, Geist und Seele aus dem Gleichgewicht geraten sind. Welches alte Muster tragt ihr in euch, welche Verletzungen? Welche Entscheidungen habt ihr einst getroffen, damit ihr diese Krankheit nun erfahren müsst? Geht der Sache auf den Grund und löst sie auf.

Kümmert euch um eure Seele. Füllt euren Körper jeden Tag mit eurer Seelenenergie, damit die beiden Ebenen immer verbunden bleiben und diese einzigartige Kommunikation zueinander bestehen bleibt. So stärkt ihr automatisch euer Immunsystem, löst Blockaden auf und erhellt dunkle Bereiche in euch.

Lasst euch auf eure Seele ein, es lohnt sich.

Energetische Organbehandlung auf Seelenebene

Der Mensch kann erst dann in die ganzheitliche Heilung gehen, wenn die Ursache für seine körperliche Beschwerde oder Krankheit auf Seelenebene gefunden und aufgelöst worden ist.

Mit schulmedizinischen Medikamenten, die ja nicht auf der Seelenebene wirken, wird die Ursache nur übertüncht und übergangen. Die nicht gelöste Ursache tritt dann nach einiger Zeit an anderer Stelle wieder auf. Sind die Medikamente von naturheilkundlicher Natur, wie die klassische Homöopathie, die Spagyrik oder anthroposophische Medizin, werden alle Ebenen behandelt und wieder in Einklang zueinander gebracht.

Seelische Ursachen sind alte Muster, alte Denkstrukturen, alte Glaubenssätze, Verletzungen, zwischenmenschliche Konflikte, um nur einige zu nennen, die sich hinter Krankheiten oder Beschwerden verbergen können. Jedes Organ steht für einen bestimmten Lebensbereich und ein bestimmtes Thema.

Die Niere steht für Partnerschaft und die männliche und weibliche Energie, die Leber unter anderem für Wut, das Herz für Herzensdinge, um nur einige zu nennen. In diesem Bereich gibt es viele Bücher, die auf jeden Fall eine Anschaffung wert sind.

Zu diesen ungelösten Themen kommen noch Energien hinzu, die sich im Laufe eines Lebens oder auch in früheren

Leben in bestimmten Organen angesammelt haben. Blockaden, Fremdenergien, energetische Angriffe und sonstige niedrigschwingende Energien werden so gelöst und ins Licht geschickt.

Organe können auch auf Seelenebene behandelt werden. Die freigeschaltete Seelenenergie lasse ich dann direkt in die Organe einfließen, ich gehe anatomisch vor und fülle jede Zelle mit der wundervollen Seelenenergie. Blockaden, die ich dabei sehe, werden wieder in fließende Energie gebracht, energetische Angriffe, die sich in einem Organ festgesetzt haben, schicke ich mit der Seelenenergie ins Licht und heile die Wunden. Durch meine Gabe zu sehen, was sich im Organ befindet, was nicht dorthin gehört, oder auch Löcher zu erkennen, die die Organenergie entweichen lassen, kann ich so die Organe von allem reinigen und klären, was den göttlichen Energiefluss behindert.

Die Organbehandlung auf Seelenebene ist sehr intensiv, da ich direkt mit der freigeschalteten Seelenenergie in die Organe hineingehe und mir das Organ von innen anschaue. Dort erkenne ich dann die Bereiche, die nicht mehr fließen, nicht mehr funktionieren oder blockiert sind.

Oft sehe ich Blockaden in Form von Nadeln, dunklen Nebeln, Haken oder Kabeln, die in dem Organ stecken, oder auch Schnüre, die sich um das Organ gelegt haben. Bei jedem Patienten nehme ich andere Formen der Energieblockaden wahr, nachfolgend einige Beispiele.

Mit der Organbehandlung wird das Organ auf Seelen-ebene

- gereinigt,
- geklärt,
- in seine ursprüngliche Energie gebracht,
- es kommt in die göttliche Ordnung und oft auch wieder an seinen göttlichen Platz, weil das Organ sich verschoben hat,
- von Verstrickungen gelöst,
- in seiner ursprünglichen Energie gestärkt,
- von Fremdenergien befreit,
- von Blockaden gelöst,
- von Energielöchern befreit,
- in seiner Schwingung angehoben.

Auch die Ursachen, die hinter einer Blockade oder abgesunkenen Energie eines Organs stecken, können gesehen und gelöst werden. In dieser Behandlung schaue ich speziell in das zu behandelnde Organ hinein, um es mit der freigeschalteten Seelenenergie von innen her zu reinigen, zu klären und zu energetisieren.

Mit der freigeschalteten Seelenenergie ist es so möglich, die einzelnen Organe zu behandeln. Es kann jedes Organ behandelt werden, um es so wieder in seine göttliche Ursprungsenergie zu bringen und die Ursachen zu lösen, die die Krankheit oder körperlichen Beschwerden hervorgerufen haben.

Diese Behandlung ist sehr tiefgreifend und dauert etwas länger als eine normale Freischaltung eines Themas oder eines Lebensbereichs. Diese Form der Organbehandlung auf Seelenebene ist sehr besonders und heilsam.

Zudem wird das dazugehörige Chakra, wenn es eine Zuordnung zu einem Organ gibt, ebenfalls gereinigt und energetisiert, gegebenenfalls sogar aktiviert.

Die Organbehandlung auf Seelenebene ist eine wunderbare Möglichkeit, den Körper von innen her in die Heilung zu bringen. Ursachen werden gelöst, Heilung kann geschehen. Es kommt immer auf die Schwere der Krankheit an, wie viele Behandlung benötigt werden, um das Organ wieder in seine göttliche Ordnung und Schwingung zu bringen. Oft tauchen nach und nach neue Themen auf, die es dann zu behandeln und zu lösen gilt. Es ist ein Weg, den es sich lohnt zu gehen.

Die energetische Organbehandlung auf Seelenebene führe ich nur per Ferne durch.

Bei schwerwiegenden Krankheiten ist es wichtig, eine schulmedizinische Begleitung in Anspruch zu nehmen.

Energetische Darmreinigung auf Seelenebene

In dieser Behandlung wird auf Seelenebene der Darm gereinigt. Dazu gehören der Zwölffingerdarm, der Dünndarm, der Dickdarm und das Rektum.

Viele energetische Schlacken hängen in unserem Verdauungssystem fest. Besonders in unserem Darm findet man viele feste und dichte Energien, die einen freien Fluss behindern. Energien, die wir von außen aufnehmen und nur schwer verdauen können, hinterlassen ebenfalls ihre energetischen Spuren im Darm.

Ängste, Wut und Zweifel können sich im Verdauungssystem festsetzen und eine Stauung verursachen. Mit der freigeschalteten Seelenenergie wird der Darm von alten Energien und Blockaden gereinigt, sodass der Darm wieder in die göttliche Ordnung kommt und seine Energie auf Seelenebene wieder frei fließen kann. Der Darm erstrahlt so von innen heraus in neuem Glanz. Diese Behandlung kann sehr befreiend wirken. Es ist eine Reinigung und Energetisierung auf Seelenebene, sozusagen eine energetische Darmsanierung.

Es gibt ja den Ausspruch: „unser Bauchhirn", das heißt, unser Bauch ist auch für die Intuition zuständig und ein Teil unserer inneren Stimme. Ist dieses Instrument in uns blockiert oder verschlackt, kann es nicht vollkommen arbeiten.

Hochsensible Menschen haben oft Probleme mit der Verdauung, weil sie zu viel von außen aufnehmen und dieses dann nicht verarbeiten können. Es geschieht also vieles über unseren Darm. Unser Verdauungssystem ist die Verbindung von außen nach innen und wieder nach außen, ein Kanal, der von oben nach unten durch unseren Körper geht. Diesen gilt es zu pflegen und regelmäßig auf Seelenebene zu reinigen.

Energetische Darmreinigung

- löst Blockaden aller Art,
- löst Fremdenergien,
- löst energetische Angriffe, die sich im Darm festgesetzt haben,
- bringt den Darm wieder in seine göttliche Ordnung,
- bringt den Darm wieder an seinen göttlichen Platz,
- verbindet die einzelnen Darmabschnitte wieder, wenn sie nicht im Fluss waren,
- löst energetische Schlacken,
- stopft energetische Löcher,
- löst Verstrickungen.

Die Darmreinigung ist die reine Reinigung des Darms, nur wenn eine sehr präsente Blockade erscheint, schaue ich auch in die Ursache hinein, damit die Energie wieder ins Fließen kommt. Für Auflösungen von speziellen Krankheiten müssen zusätzliche Behandlungstermine vereinbart werden, um die genaue Ursache dafür zu erkennen und zu lösen.

Die energetische Darmreinigung auf Seelenebene führe ich nur per Ferne durch.

Bei schwerwiegenden Krankheiten ist es wichtig, eine
schulmedizinische Begleitung in Anspruch zu nehmen

Das Herz – Vermittler der Seele

Das Herz nimmt eine besondere Stellung in unserem Leben ein, denn es ist einerseits der Vermittler unserer Seele, andererseits der Vermittler nach außen.

Sind wir auf unserem Weg noch nicht so weit, die Worte unserer Seele zu hören und ihre Impulse an uns zu fühlen, dient das Herz als Vermittler. So ist es für viele leichter, sich zuerst einmal auf die Herzensebene zu begeben. Sich dem eigenen Herzen zu öffnen ist der Anfang unseres Wegs auf Erden. Für viele Menschen ist es schwierig, sich mehr dem Herzen als dem rationellen Denken hinzugeben. Aber es ist der erste Schritt in Richtung Seele, sich auf das eigene Herz und seine Impulse und Energien einzulassen.

Für diejenigen, die erst am Anfang ihrer Bewusstseinsentwicklung stehen, ist es dennoch schwer, sich auf ihr eigenes Herz einzulassen, da oft keine Verbindung vom Geist zum Herzen besteht. Diese wurde irgendwann von eigener oder fremder Hand unterbrochen. Diese Verbindung gilt es wiederherzustellen, um einen neuen inneren Kompass zu erschaffen, der die Richtung auf dem neuen Weg weist.

Ist diese Verbindung hergestellt, öffnen sich auch die Kanäle zur Seele und nach außen. Das Herz ist in dieser Phase der Entwicklung das Zentrum, von dem alles ausgeht.

Zudem können sich viele das Herz eher vorstellen als die Seele. Die Seele fühlt sich oft an, als könnte man sie nicht greifen, so ist es für viele leichter, erst einmal Kontakt zu ihrem Herzen aufzunehmen. Wobei „leichter" nicht wirklich der Wahrheit entspricht, weil sich auch dort viele Verletzungen, Mauern oder andere Energien befinden können, die es gilt zu erkennen und zu benennen, um sie dann zu heilen.

Wir können dankbar sein, dass unser Herz die Vermittlerrolle übernimmt. Es teilt uns die Impulse der Seele mit und geht in Resonanz mit unserer Außenwelt.

Diese Resonanz und der Kontakt wollen gelernt sein, und es bedarf der Übung, bei dieser Kommunikation die innere Mitte zu finden. Viele öffnen ihr Herz zu stark und tragen ständig Verletzungen davon, andere schließen es wieder zu schnell oder bauen wieder eine Mauer auf, um es rechtzeitig vor Verletzungen zu schützen.

Je mehr wir üben, aus unserem Herzen zu leben und ihm zu folgen, desto einfacher wird es, uns unserer Seele zu nähern.

Später, wenn wir gelernt haben, eins mit unserer Seele zu werden und ihre Impulse und Informationen wahrzunehmen und umzusetzen, ist das Herz für die reine Liebesausschüttung zuständig. Unser Herz ist dann „nur" noch dafür da, Liebe zu senden und zu empfangen.

Kinder und ihre Seele

Alle Kinder haben die Fähigkeit, eins zu sein mit ihrer Seele. Das sind sie auch, wenn sie auf Erden inkarnieren, bis die Energien um sie herum sie beeinflussen. Stärkt man das Kind in seinem wahren Sein, wird es die Verbindung zu seiner Seele beibehalten. Das sind die Kinder, die immer wieder die göttliche Weisheit durch sich sprechen lassen und man sich nur noch wundert, weil es einfach unglaublich ist.

Schwächt man das Kind in seinem wahren Sein oder unterdrückt es von außen, wird es von seiner Seele getrennt oder die Verbindung sehr geschwächt. Das Kind geht den Weg, den bereits viele vor ihm auf Erden gegangen sind, den alten Weg der Pflichten, der Rationalität und des Verstandes. Viele Seminare und Erkenntnisse, eventuell auch Therapien, werden nötig sein, damit das Kind später die Verbindung zu seiner Seele wiederherzustellen kann, um sein wahres Sein auf Erden zu leben.

Leider ist es in der heutigen Zeit immer noch schwer, die eigenen Kinder in ihrem wahren Sein zu stärken und sie auf ihrem Weg der Wahrhaftigkeit zu begleiten, weil das herkömmliche Alte immer noch vorherrscht und vielen Eltern Hindernisse in den Weg gelegt werden. Die Eltern werden schräg angeschaut, weil sie den Impulsen ihrer Seele folgen und ihre Kinder auf lichtvolle Weise in ihrem wahren Sein stärken.

Kinder werden oft nicht ernst genommen, dabei tragen sie die Weisheit der Seele klar und rein in sich. Eltern, die selbst eine Verbindung zur Seele aufrechterhalten und pflegen, bewusst oder unbewusst, können ihre Kinder in ihrem wahren Sein stärken und sie darin unterstützen, den Weg ihrer Seele auf Erden zu gehen.

Wir können alle dazu beitragen, die Kinder in ihrem wahren Sein zu unterstützen und sie in ihren Ideen und Impulsen zu fördern.

Kinder sind die Zukunft unserer Welt.

Seelenstrahlen

Die Seele trägt göttliche Strahlen in sich, die bestimmten Farben zugeordnet sind. Ist die Seele bei Gott oder in einer höheren Dimension, vereinen sich alle Farben und werden zu gleißendem Gold-Weiß.

Doch auf Erden in der heutigen Inkarnation sind nur bestimmte Farben zu sehen. Warum ist das so?

Jede Seele nimmt spezielle Fähigkeiten in ihr nächstes Leben mit. Fähigkeiten, die sie braucht, um ihrem Plan auf Erden folgen zu können.

Jeder Seelenstrahl steht für eine oder mehrere Fähigkeiten. Diese Fähigkeiten sind besonders wichtig für die Menschen, damit sie ihre Lebensaufgabe, aber auch ihre Berufung erfüllen können. Natürlich trägt die Seele unermesslich viele Fähigkeiten in sch, und diese könnten auch abgerufen werden, wenn sie benötigt werden, aber in erster Linie stehen die Fähigkeiten im Vordergrund, die wichtig sind, um den eigenen Seelenplan zu erfüllen.

Die Farbe Gold steht oft für die Weisheit, Lila für Wandlung und Transformation, Weiß für Allwissenheit, Klarheit und für die Einhörner, Gelb für Leichtigkeit und Freude, Rosa für Liebe in all ihren Formen und Energien, Hellblau oft für Klarheit und Erzengel Haniel, Blau steht ebenfalls für Klarheit, Reinigung und oft auch für Erzengel Michael, Silber für das kosmische Wissen und die Verbindung zu den Sternen und Grün für die Heilung.

Diese Bedeutungen sind natürlich sehr allgemein gehalten, denn jeder trägt individuelle Fähigkeiten in sich, die ich hier nicht alle nennen kann.

Fähigkeiten können zum Beispiel sein:

- Öffnung der Herzen,
- Wandlung von Verletzungen und alten Energien,
- Wahrnehmen des Seelentons,
- Wiederherstellung der stärkenden Liebe zwischen den Menschen,
- Transformation der Erdenergien,
- Kommunikation mit den Elementarwesen,
- Hüterin der Elemente und ihre Lenkung,
- Wächter der Einhörner,
- Wächter der Farben und Symbole,
- Priesterin der Herzen,
- göttliche Geborgenheit schenken,
- Seelensymbole zeichnen,
- Seelenmusik komponieren,
- Kinder in ihrem wahren Sein stärken,
- Neuordnung des Energiesystems des Körpers,
- Herstellung der inneren Ordnung,
- Reinigung der Aura,

um nur einige spirituelle Gaben zu nennen.

Seelenstrahlen stehen für die göttliche Essenz unseres Seins, sie bereichern unser Leben und stärken uns. Sie füllen uns und fließen in all unsere Lebensbereiche ein, damit wir klar sehen und spüren können, was unsere Seele uns mitteilen möchte, und wohin unser Weg uns führt.

Die Seelenstrahlen in uns ergeben ein individuelles Gesamtpaket unserer Fähigkeiten und unseres Potenzials. Keine Seele hat die gleichen Fähigkeiten wie eine andere, jede ist unterschiedlich. Jede Seele und somit jeder Mensch ist einzigartig.

Anmerkung der Autorin:

Als Medium biete ich eine Botschaft an, in der ich eure spirituellen Fähigkeiten channele. Mehr Info unter:

www.sabine-skala.de

Meditationen

Selbst die Kraft der Seele freischalten

Die eigene Freischaltung der Seelenenergie ist kein Vorgehen, das in einer halben Stunde geschehen kann, außer ihr seid bereits schon so weit auf eurem Herzensweg vorangeschritten, dass ihr selbst von euch sagen könnt: „Ja, jetzt schalte ich die Kraft meiner Seele frei und löse alle Ablagerungen, die sie daran hindern, frei zu fließen."

Für diejenigen, die noch nicht ihre Seele spüren und sich mit ihr bewusst verbinden können, ist es wichtig, die Vorbereitungsphase von vier bis sechs Wochen einzuhalten. Es ist ein heiliger Prozess, der Zeit benötigt, damit ihr auch die wahre Kraft der freien Seele wahrnehmen und fühlen könnt. Wenn ihr zu früh die Freischaltung vornehmt, kann es sein, dass es nicht funktioniert oder nichts bemerkt und dann enttäuscht seid. Es ist wichtig, euch selbst gegenüber ehrlich zu ein, wann ihr wirklich bereit dafür seid.

Diejenigen, die noch nicht ihre Seele spüren und sich mit ihr verbinden können, bitte ich, das nachfolgende Kapitel „Vorbereitung für die Freischaltung der Kraft der Seele" zu lesen. Wenn ihr früher etwas spürt, könnt ihr auch schon vor den vier Wochen mit der Freischaltung beginnen.

Anleitung

Geht in die Stille. Es ist wichtig, dass ihr nicht gestört werdet, seid also sicher, dass ihr nun in Ruhe die Kraft eurer Seele freischalten könnt. Atmet nun in eure Seele und stellt euch vor, wie ihr euch mit ihr verbindet. Bei jedem Einatmen verbindet ihr euch mit eurer Seele, bei jedem Ausatmen verstärkt ihr diese Verbindung. Diese Atem-übung macht ihr so lange, wie ihr es selbst für stimmig haltet. Dann geht ihr einen Schritt weiter, bei jedem Einatmen stärkt ihr die Verbindung zu eurer Seele, bei jedem Ausatmen lasst ihr alles los:

- *alle Muster,*
- *alle Verletzungen,*
- *alle Programme,*
- *alle Sorgen,*
- *alle Rollen,*
- *alle Ängste,*
- *alle Zweifel,*
- *alle Gefühle des Egos,*
- *eure Gewohnheiten,*
- *jedwede Freude,*
- *schöne Momente,*
- *euren Besitz,*
- *euer Glück,*
- *eure Wohnung/euer Haus,*
- *euren Arbeitsplatz,*
- *eure Familie,*

- *euren Partner,*
- *eure Freunde,*
- *alles, was ihr geschaffen habt,*
- *alles, was ihr zu sein glaubt,*
- *alles, was ihr wirklich seid,*
- *euer wahres Sein,*
- *einfach alles.*

Geht in diesen Zustand des absoluten Loslassens, euch und alles, was euch ausmacht in diesem Leben, bis ihr das Gefühl habt, ihr seid nichts mehr als nur reine Energie.

Atmet in eure Seele und lasst alles los! ALLES!

Atmet solange und lasst alles los, bis ihr ein Schwebegefühl erfahrt, so, als wärt ihr ein paar Zentimeter über der Erde, in einer neuen Energie. Vielleicht fühlt es sich auch an, wie ein bisschen zu sterben. Es kann sich auch neu anfühlen, wie eine Umstrukturierung. Ein Loslassen, ein Freisein und eine Neuordnung. Ihr fühlt eine neue Energie, eine Art Schwerelosigkeit.

Vielleicht irritiert es einige, da es nichts mehr zum Greifen und zum Festhalten gibt, auch jedwede materielle Form um einen herum ist nun aufgelöst. Doch ihr seid sicher, denn ihr befindet euch auf der eigenen Seelenebene. Eure Seelenebene ist schwerelos und frei von allem.

Gebt euch in diesem Zustand der Schwerelosigkeit nun eurer Seele hin. Atmet in eure Seele und gebt euch ihr hin. Lasst euch in ihre Energie fallen. Badet in ihr und lasst euch ganz damit füllen. Fühlt, dass ihr euch um nichts mehr küm-

mern müsst, weil ihr „nur" noch eure Seele seid. Eine neue Ebene kann sich nun öffnen, die Ebene eurer Seele. All die Kraft und Macht, die die Seele in sich trägt, wird nun sichtbar, und ihr könnt sie spüren. Ihr seid eins mit eurer Seele.

Sie wird greifbar für euch. Ihr spürt eine neue Freiheit in euch, die alles möglich macht in eurem Leben.

Genießt dieses Gefühl! Alles habt ihr losgelassen, alles habt ihr von euch gegeben, ihr seid frei.

Verweilt in dieser wunderbaren Energie so lange, wie ihr wollt, und kommt dann wieder auf die Erde zurück. Fühlt eure Fußsohlen, fühlt eure Beine, eure Hände und Arme, euren Oberkörper, euren ganzen Körper. Kommt langsam wieder auf die Erdenebene zurück und öffnet eure Augen.

Der Zustand der absoluten Freiheit und Schwerelosigkeit kann noch eine Zeitlang andauern.

Optimal wäre es, diesen Zustand immer zu halten und dabei geerdet zu sein, aber das ist aus Erfahrung etwas schwierig und bedeutet viel Übung.

Sobald ihr merkt, dass ihr wieder in alte Muster verfallt oder Verletzungen oder andere niedrigschwingende Energien in euch wahrnehmt, entscheidet euch für die Meditation: „Kraft der Seele" oder „Ängste auflösen". Ihr könnt ja nicht nur eure Ängste selbst damit auflösen, sondern auch eure Zweifel, Verletzungen, den inneren Mangel und alles, was euch daran hindert, eure Seele frei in eurem Leben fließen zu lassen.

Anmerkung der Autorin:

*Meine Behandlung „Freischaltung der Kraft der Seele", die ich in meiner Praxis anbiete, ist etwas umfangreicher, weil ich alle Blockaden löse, die vor einer Freischaltung stehen, und noch andere Bereiche miteinbeziehe, wie zum Beispiel das Innere Kind und die Verbindung der Seele mit der jetzigen Inkarnation, was euch aber nicht davon abhalten sollte, es selbst zu versuchen. Für jede Freischaltung der Kraft der Seele, die von euch selbst durchgeführt wird, übernehme ich jedoch **keine** Verantwortung.*

Vorbereitungsphase für die Freischaltung der Kraft der Seele

Für alle, die noch nicht bereit sind, die Kraft der Seele selbst freizuschalten, ist es wichtig, eine Vorbereitungsphase zu durchlaufen.

Übt bitte täglich folgende Meditationen.

Als Erstes ist es wichtig, dass ihr für die Übungen immer in die Stille geht. Atmet erst in euer Herz, wenn es euch schwer fällt, eure Seele zu spüren. Verbindet euch beim Einatmen so lange mit eurem Herzen, bis ihr das Gefühl habt, ihr könnt euch jetzt auf eure Seele einlassen.

Dies kann einige Tage dauern, bis ihr euch bereit fühlt, euch bewusst mit eurer Seele zu verbinden. Gebt euch die Zeit, die ihr braucht. Dann beginnt nach und nach die Verbindung zu eurer Seele herzustellen und sie zu spüren, bis ihr ganz loslassen könnt, um euch ihr hinzugeben.

Plan der kommenden Wochen:

1. Woche Übung:

Atmet also in euer Herz ein, und beim Ausatmen lasst ihr euch mit eurem Bewusstsein in euer Herz fallen.

2. bis 4. Woche Übung:

Stellt euch vor, wie ihr euch beim Einatmen mit eurer Seele verbindet. Bei vielen ist es wichtig, dass sie sich die Verbindung erst einmal bildlich vorstellen, bevor sie diese spüren können. Beim Ausatmen stellt ihr euch vor, wie ihr die Verbindung zu eurer Seele verstärkt. Für alle, die sich das schon vorstellen können, geht es darum, diese Verbindung bewusst spüren zu lernen.

5. Woche Übung:

In den letzten beiden Wochen geht es darum, das Loslassen zu üben.

Beim Einatmen verbindet ihr euch mit eurer Seele, beim Ausatmen lasst ihr los.

6. Woche Übung:

Jetzt geht es darum, die Hingabe an eure Seele zu üben.

Beim Einatmen verbindet ihr euch mit eurer Seele, beim Ausatmen lasst ihr alles los und lasst euch in eure Seele fallen.

Nach den sechs Wochen:

Nun geht in die Stille und überprüft, ob ihr bereit seid, die Kraft eurer Seele selbst freizuschalten.

Kraft der Seele

Wenn du zu Beginn nicht die Verbindung zu deiner Seele spüren oder sie nicht wahrnehmen kannst, stell sie dir einfach vor deinem geistigen Auge vor. Es ist normal, dass es einige Zeit dauert, bis man die Seele wahrnehmen und die Verbindung zu ihr spüren kann. Stell dir deine Seele als eine goldene oder weiße Energie vor, die aus dir heraus erstrahlt. Sie ist wie eine Energiekugel, deren Umrisse man vor lauter Strahlen nicht mehr erkennt. Der Sitz der Seele befindet sich bei den meisten Menschen in der Höhe des Solarplexus oder im Bereich des Herzens. Es ist wichtig, die Verbindung zur Seele regelmäßig zu üben, damit eine bewusste Wahrnehmung zu ihr entstehen kann. So kann man mit der Seelenenergie bewusst sein Leben und die verschiedenen Lebensbereiche energetisieren und ins Fließen bringen. Da Emotionen, die dem Ego entspringen, die Verbindung zur Seele schwächen, ist eine regelmäßige Verbindung zur Seele und eine Reinigung nötig.

Meditation

Geh in die Stille und atme bewusst in dein Herz ein und aus. Werde ruhig und spüre die eintretende Stille in dir. Lass alle Gedanken an dir vorüberziehen, komme ins Jetzt.

Beim Einatmen verbinde dich nun mit deiner Seele und stärke diese Verbindung, indem du deine Seele bei jedem Ausatmen größer und weiter werden lässt. Tue dies so lange, wie du möchtest. Dann lass dich bei jedem Ausatmen bewusst in deine Seele fallen. Lass alles los, was dich daran hindert. Atme ein in deine Seele und lass dich in ihre wundervolle Energie fallen.

Atme weiter. Lass alles los, dein Ego, deine alten Muster, deine Ängste, deine Zweifel, deine Gedanken, das, was du bist, einfach alles. Lass dich in deine Seele fallen. Gib dich deiner Seele nun in vollem Vertrauen hin. Sie weiß, was gut für dich ist. Sie kennt deinen Weg auf Erden. Sie weiß um deine Aufgabe und Erfüllung. Sie knüpft Kontakte und zieht die Menschen und Situationen in dein Leben, die wichtig sind für dich. Verweile in dieser Hingabe an deine Seele.

Fülle dann deinen Körper mit deiner Seelenenergie, indem du sie in deinen Körper fließen lässt. Das kann einige Zeit in Anspruch nehmen, aber lass dir Zeit und genieße diese einzigartige Energetisierung, die du selbst erschaffen kannst. Genieße nun das Eins-Sein mit deiner Seele und verweile so lange in dieser einzigartigen Energie, wie du möchtest. Komm dann wieder in deine Gegenwart zurück und öffne deine Augen.

Kurzanleitung

1. Geh in die Stille und werde ruhig.

2. Beim Einatmen verbindest du dich mit deiner Seele, und beim Ausatmen stärkst du deine Seele, indem du dir vorstellst, dass deine Seelenenergie weiter und größer wird.

3. Beim Ausatmen lass bewusst alles los, was du festhältst oder was dich festhält.

4. Beim Ausatmen gib dich deiner Seele hin, im Vertrauen zu ihr, dass sie dich trägt und weiß, was gut für dich ist.

5. Bewusstes Fühlen der Hingabe und des Eins-Werdens mit deiner Seele.

6. Fülle nun deinen Körper mit deiner Seelenenergie.

7. Hast du körperliche Beschwerden, kannst du auch bewusst deine Seelenenergie an diese Stellen fließen lassen, so wird dunkle Energie in Seelenenergie umgewandelt.

8. Genieße so lange, wie du möchtest, das Eins-Sein mit Körper, Geist und Seele.

9. Komm dann wieder in die Gegenwart zurück und öffne deine Augen.

Energetisierung der eigenen Körperzellen

Geh in die Stille und atme bewusst in dein Herz ein und aus. Werde ruhig und spüre die eintretende Stille in dir. Lass alle Gedanken an dir vorüberziehen, komme ins Jetzt.

Beim Einatmen verbinde dich nun mit deiner Seele und stärke diese Verbindung, indem du sie bei jedem Ausatmen größer und weiter werden lässt. Tue dies so lange, wie du möchtest.

Dann lass dich beim jedem Ausatmen bewusst in deine Seele fallen. Lass alles los, was dich daran hindert. Atme ein in deine Seele und lass dich in ihre wundervolle Energie fallen.

Atme weiter. Lass alles los, dein Ego, deine alten Muster, deine Ängste, deine Zweifel, deine Gedanken, das, was du bist, einfach alles. Lass dich in deine Seele fallen. Gib dich deiner Seele in vollem Vertrauen hin.

Fülle jetzt deinen Körper mit deiner Seelenenergie, indem du sie in deinen Körper fließen lässt. Du kannst auch bewusst an eine bestimmte Stelle des Körpers oder in ein Organ deine Seelenenergie fließen lassen, um diesen Bereich in seiner Energie und Schwingung anzuheben. Lass deine Seelenenergie so lange in diese Körperstelle fließen, bis du das Gefühl hast, sie ist voll damit. Langsam entsteht ein wohliges Gefühl, das dich von innen her energetisiert und wärmt.

Verweile in dieser wundervollen Energie und lass dich tragen von der Fülle, der Liebe, der Kraft und der Freude deiner Seele. Du bist jetzt eins mit Körper und Seele. Genieße diesen Zustand und verweile so lange in dieser einzigartigen Energie, wie du möchtest. Komm dann wieder in deine Gegenwart zurück und öffne deine Augen.

Mit dieser schönen Meditation kannst du dich selbst energetisieren und zur Heilung oder zur Aufrechterhaltung deiner Gesundheit beitragen.

Kurzanleitung

1. Geh in die Stille und werde ruhig.
2. Beim Einatmen verbindest du dich mit deiner Seele, und beim Ausatmen stärkst du sie, indem du dir vorstelltest, dass deine Seelenenergie weiter und größer wird.
3. Beim Ausatmen bewusst alles loslassen, was du festhältst oder was dich festhält.
4. Beim Ausatmen gib dich bewusst deiner Seele hin, im Vertrauen, dass sie dich trägt und weiß, was gut für dich ist.
5. Bewusstes Fühlen der Hingabe und des Eins-Werdens mit deiner Seele.
6. Fülle nun deinen Körper mit deiner Seelenenergie.
7. Fülle bewusst alle Zellen deines Körpers, bis du das Gefühl hast, sie sind voll mit deiner Seelenenergie.
8. Du kannst auch bewusst deine Seelenenergie an eine bestimmte Stelle des Körpers oder in ein Organ fließen lassen, um diesen Bereich in seiner Energie und Schwingung anzuheben.

9. Verweile in dieser einzigartigen Fülle deiner Seelenenergie.
10. Komm dann wieder in die Gegenwart zurück und öffne
    deine Augen.

   Dunkle Energie heißt immer, ein Raum ohne Licht.
Lasst das Licht eurer Seele in die dunklen Räume eurer
Körperzellen, Organe und Gelenke fließen und erhellt sie
mit eurer eigenen Seelenenergie, so verschwinden alle
dunklen Räume.

Ängste auflösen

Geh in die Stille und atme bewusst in dein Herz ein und aus. Werde ruhig und spüre die eintretende Stille in dir. Lass alle Gedanken an dir vorüberziehen, komme ins Jetzt. Beim Einatmen verbinde dich nun mit deiner Seele und stärke diese Verbindung, indem du deine Seele bei jedem Ausatmen größer und weiter werden lässt. Tue dies so lange, wie du möchtest. Dann lass dich bei jedem Ausatmen bewusst in deine Seele fallen. Lass alles los, was dich daran hindert. Atme ein in deine Seele und lass dich in ihre wundervolle Energie fallen.

Atme weiter. Lass alles los, dein Ego, deine alten Muster, deine Ängste, deine Zweifel, deine Gedanken, das, was du bist, einfach alles. Lass dich in deine Seele fallen.

Gib dich deiner Seele nun in vollem Vertrauen hin. Sie weiß, was gut für dich ist. Lass dich in deine Seelenenergie fallen, so, als würdest du in ein Schwimmbecken springen und vom Wasser getragen werden.

Spüre, wie dich das Wasser trägt, fühle bewusst hinein, um dich noch mehr hingeben zu können. Nun übergib deine Ängste deiner Seele und bitte sie darum, sich darum zu kümmern. Lass sie frei, halte sie nicht fest. Lass deine Ängste frei und gehe ins Vertrauen. Atme weiter in deine Seele und lass dich so lange fallen, bis du ihr alles übergeben hast und spüren kannst, dass alles leichter wird.

Richte deine Aufmerksamkeit auf das Licht deiner Seele. Richte deine Aufmerksamkeit auf die Liebe deiner Seele. Richte deine Aufmerksamkeit auf die Kraft deiner Seele und

lass geschehen. Verweile so lange in dieser Aufmerksam-
keit, bis du langsam Leichtigkeit in dir verspürst. Du bist
gerade dabei, aus der Spirale der Angst auszusteigen, bleib
dran, atme weiter in deine Seele und gib dich ihr hin. Wenn
die Leichtigkeit vorherrscht und du keine Angst mehr ver-
spürst, dann komm wieder in die Gegenwart zurück und
öffne deine Augen.

Kurzanleitung

1. Geh in die Stille und werde ruhig.
2. Beim Einatmen verbindest du dich mit deiner Seele, und beim Ausatmen stärkst du sie, indem du dir vorstellst, dass deine Seelenenergie weiter und größer wird.
3. Beim Ausatmen bewusst alles loslassen, was du fest-hältst oder was dich festhält.
4. Beim Ausatmen gib dich bewusst deiner Seele hin, im Vertrauen zu ihr, dass sie dich trägt und weiß, was gut für dich ist.
5. Bewusstes Fühlen der Hingabe und des Eins-Werdens mit deiner Seele.
6. Lass dich in deine Seelenenergie fallen, so, als würdest du in ein Schwimmbecken springen und vom Wasser getragen werden.
7. Spüre, wie dich das Wasser trägt, fühle bewusst hinein, um dich noch mehr hingeben zu können.
8. Vertraue deiner Seele.
9. Nun übergib deine Ängste deiner Seele und bitte sie darum, sich darum zu kümmern.

10. Atme weiter in deine Seele und lass dich so lange fallen, bis du ihr alles übergeben hast und spüren kannst, dass alles leichter wird.
11. Verweile in der Hingabe an deine Seele und lass deine Ängste bewusst los.
12. Wenn es leichter wird und du keine Angst mehr verspürst, komme wieder in dein Jetzt zurück.

Es kann am Anfang etwas schwierig sein, sich auf die eigene Seele zu konzentrieren, wenn man von der Angst beherrscht wird. Aber es geht darum, die Aufmerksamkeit bewusst von der Angst wegzulenken. So unterdrückst du die Angst nicht, sondern lässt sie sein, aber du entscheidest, jetzt deine Aufmerksamkeit auf deine Seele zu richten.

Sind es immer wieder auftauchende Ängste, wäre es gut, nach der Ursache zu forschen, warum die Ängste regelmäßig hochkommen. Bei Depressionen sollte ein Arzt aufgesucht werden.

Wunscherfüllung

Geh in die Stille und atme bewusst in dein Herz ein und aus. Werde ruhig und spüre die eintretende Stille in dir. Lass alle Gedanken an dir vorüberziehen, komme ins Jetzt.

Beim Einatmen verbinde dich mit deiner Seele und stärke diese Verbindung, indem du sie bei jedem Ausatmen größer und weiter werden lässt. Tue dies so lange, wie du möchtest. Dann lass dich bei jedem Ausatmen bewusst in deine Seele fallen. Lass alles los, was dich daran hindert. Atme ein in deine Seele und lass dich in ihre wundervolle Energie fallen.

Atme weiter. Lass alles los, dein Ego, deine alten Muster, deine Ängste, deine Zweifel, deine Gedanken, das, was du bist, einfach alles. Lass dich in deine Seele fallen.

Gib dich deiner Seele nun in vollem Vertrauen hin. Sie weiß, was gut für dich ist. Übergib deiner Seele nun deinen Wunsch, den du in dir trägst. Stell dir visuell vor, wie du deiner Seele die Wünsche gibst. Du kannst dazu auch eine Handbewegung machen, wenn es dir leichter fällt.

Wichtig ist, dass du wirklich deinen Wunsch freilässt und ihn an deine Seele abgibst. Halte deinen Wunsch nicht fest. Lass ihn frei. Wenn es so sein soll, dass er erfüllt wird, wird er erfüllt. Steht er nicht auf der Wunschliste deiner Seele oder würde deinen Lebensplan oder deine Lebensaufgabe blockieren, bleibt er unerfüllt. Vertraue, denn es hat einen Grund, warum ein Wunsch in Erfüllung geht oder auch nicht. Es ist immer nur zu deinem Besten. Vertraue!

Kurzanleitung

1. Geh in die Stille und werde ruhig.
2. Beim Einatmen verbindest du dich mit deiner Seele, und beim Ausatmen stärkst du sie, indem du dir vorstellst, dass deine Seelenenergie weiter und größer wird.
3. Lass beim Ausatmen bewusst alles los. Alles, was du festhältst oder was dich festhält, lässt du frei.
4. Beim Ausatmen gib dich bewusst deiner Seele hin, im Vertrauen zu ihr, dass sie dich trägt und weiß, was gut für dich ist.
5. Bewusstes Fühlen der Hingabe und des Eins-Werdens mit deiner Seele.
6. Lass dich ganz in deine Seele fallen und übe die Hingabe an sie.
7. Formuliere klar deinen Wunsch und übergib ihn deiner Seele, damit sie ihn erfüllen kann.
8. Gib deinen Wunsch ganz ab.
9. Vertraue deiner Seele, dass alles so geschieht, wie es sein soll.
10. Komm dann wieder in die Gegenwart und öffne deine Augen.

Ist der Wunsch zu deinem Besten,
wird deine Seele ihn erfüllen.

Über die Autorin

 Sabine Skala ist Sternengeborene und eines der ersten Indigokinder der 70 er Jahre. Als Heilpraktikerin, Heilerin und Medium für persönliche Botschaften arbeitet sie seit 2003 in ihrer eigenen Praxis für Energietherapie und Neues Bewusstsein in Sauerlach bei München. Ihre Aufgabe ist es den Menschen in ihrer Transformation und Heilung zu helfen und zu erkennen, wofür sie auf Erden gekommen sind. Sabine Skala hat die Fähigkeit die spirituellen Fähigkeiten eines jeden zu sehen und ihm diese zu vermitteln. Als Medium nimmt sie Kontakt auf zu höheren Dimensionen und Lichtwesen, um den Menschen persönliche Botschaften und heilende Energien zu überbringen. Ihr mediales Potenzial und ihre Fähigkeiten als Heilerin machen es ihr möglich auf Seelenebene zu behandeln. Dies ist eine sehr hochschwingende und heilige Arbeit, die Sabine Skala mit Freuden angenommen hat.

Kontakt und Informationen:
Sabine Skala, Heilpraktikerin und Autorin
Tel.: 0049-(0)8104-888308
E-Mail: S.Skala@t-online.de

Homepage:
Autorin und Medium für Persönliche Botschaften:
www.sabine-skala.de
Praxis für Energietherapie und Neues Bewusstsein:
www.heile-deinen-koerper.de

Buchempfehlungen

Robert Baumgartner
Seelenfunken
"Sag allen, dass ich lebe!"
144 Seiten, A5, broschiert
ISBN 978-3-95531-207-7

Zwei Brüder schreiben gemeinsam ein Buch — eigentlich nichts Außerge-
wöhnliches. Nur: Einer der Brüder lebt noch hier auf der Erde, der andere
ist bereits in unserer Seelenheimat. In Seelenfunken geht es um eine span-
nende spirituelle Reise in die Bereiche der jenseitigen Welt und das Leben in
anderen Dimensionen. Patrick berichtet seinem Bruder auf medialem Weg,
wie es ihm beim Tod seines irdischen Körpers ergangen ist und wie es danach weiterging. Und endet mit seiner Wiedergeburt. Seine Botschaft für
uns Menschen ist klar und deutlich: „Wir sind spirituelle Wesen, die mensch-
liche Erfahrungen auf dieser Erde machen — einem Ort, an dem wir alles,
was vorher war, vergessen haben. Die Lernerfahrungen nehmen wir mit in
unsere himmlische Heimat und bringen sie ein in das Große Ganze. Dadurch
fördern wir unsere spirituelle Entwicklung und formen unsere Realität so-
wohl hier auf Erden als auch in der Geistigen Welt. Mit anderen Worten: Wir
sind verantwortlich für unsere energetischen Schöpfungen."

Elva Neges
Flucht nach vorn
Vom Albtraum zum spirituellen Erwachen
264 Seiten, A5, broschiert
ISBN 978-3-95531-206-0

Als junges Mädchen gerät Elva Neges in die Hände eines geisteskranken Gurus und führt ein gefährliches und abenteuerliches Leben im Ausland – immer am Rande des Abgrunds.

Nach 21 Jahren gelingt ihr mit den beiden Töchtern endlich die Flucht nach Deutschland, und sie steht vor dem Nichts.

Es beginnt ein harter Kampf aus der existentiellen Misere und den Folgeschäden ihrer Traumatisierung.

Erst mit ihrer spirituellen Entwicklung setzt wirkliche Heilung ein.

An diesem tiefgreifenden Prozess lässt uns Elva Neges mit schonungsloser Ehrlichkeit teilhaben und nimmt uns mit in ihre dunkelsten Abgründe.

Flucht nach vorn ist kein Opferbericht, sondern ein Zeugnis dessen, welch unglaubliches Potenzial an seelischer Selbstheilungskraft der Mensch in sich trägt.

Ava Minatti
Engel-Yoga
212 S. m. v. Abb. 21 cm, Kartoniert
ISBN 978-3-95531-036-3

Die Kombination zwischen Yoga und den Berührungen der Engel ist einmalig und neu. Sie unterstützt uns, mit uns und unserem Körper im Kontakt zu sein, uns zu erden, unsere Mitte zu nähren, uns anzunehmen und zu lieben. Gleichzeitig intensiviert sie das Zusammenwirken mit den Engeln der 12 Kosmischen Strahlen, unserem Mond- und Sonnenengel. Das Buch beschreibt einfache Basisübungen, um uns wahrzunehmen, wiederzufinden, ruhig zu werden, Kraft zu schöpfen und Stress loszulassen sowie verschiedene Spür-, Dehnungs- und Wahrnehmungsübungen, die uns entspannen und unseren Atem vertiefen. Des Weiteren werden 15 Engel-Yogaübungen vorgestellt. Sie dehnen den Körper auf sanfte Weise, bauen ihn auf, harmonisieren und gleichen die Organe, Meridiane und Energieströme aus. Ergänzt wird das Buch durch viele kurze Botschaften, die die Engelwesen immer wieder einfließen lassen. Fazit: Innehalten, tief ein und ausatmen und ausprobieren! Die Engel freuen sich darauf, mit dir Yoga zu (er)leben. Sie segnen dich.

Oscar Busch
Von Stufe zu Stufe
Eine Mitteilung aus dem Jenseits
100 Seiten, kartoniert m. Klappen
ISBN 978-3-95531-210-7

Das Buch ist ein Bericht aus dem Jenseits – er wurde Anfang des 20. Jahrhunderts medial empfangen. Es zeigt die verschiedenen Verknüpfungen unter den Menschen (auf Seelenebene und in der Inkarnation auf Erden) anhand mehrerer Erdenleben derselben Personen auf. Gefühle sind ein Trick des Schicksals um diejenigen zusammenzuführen, die noch etwas abzuarbeiten haben. Es ist einfach interessant für Jede*n, der von Reinkarnation weiß oder wissen möchte und die Zusammenhänge gerne zu erkennen bereit ist. Sehr logisch und nachvollziehbar, erschütternd und beglückend zugleich, soll das Buch zum Nachdenken anregen. Wir bekommen alle Antworten in uns, wir müssen nicht erst andere Menschen befragen, Hypnosen oder Reinkarnationsanalysen vornehmen lassen, durch die wir blos getäuscht werden können. Unser Programm, das wir uns vorgenommen haben für dieses Leben, wird uns in uns selbst angeboten.